Anita Höcker 2006

hänssler
SEELSORGE IM DIALOG

HANSJÖRG BRÄUMER
THEOPHIL STÖCKLE

Mit dem Herzen hören

Das Zentrum der Seelsorge

Dr. Hansjörg Bräumer ist seit 1977 Vorsteher der Lobetalarbeit e.V. in Celle. Er hat bereits zahlreiche Bücher veröffentlicht, u. a. »Schatten vor meinem Gesicht«. Er ist verheiratet und hat drei Kinder.

Der Nervenarzt Dr. Theophil Stöckle war langjähriger Leiter der Klinik ›Hohe Mark‹.

Die Deutsche Bibliothek – CIP-Einheitsaufnahme

Bräumer, Hansjörg:
Mit dem Herzen hören : das Zentrum der Seelsorge / Hansjörg Bräumer ; Theophil Stöckle. – Neuhausen-Stuttgart : Hänssler, 1994
  (Seelsorge im Dialog)
  ISBN 3-7751-2035-1
NE: Stöckle, Theophil:

hänssler-Seelsorge im Dialog
Bestell-Nr. 392.035
© Copyright 1994 by Hänssler-Verlag, Neuhausen-Stuttgart
Titelbild: Marc Chagall
Umschlaggestaltung: Daniel Dolmetsch
Printed in Germany

Inhalt

Vorwort der Verfasser 9

A. Seelsorge, eine Bestandsaufnahme *(Theophil Stöckle)* . . 13

    I. Biblische Begründung der Seelsorge 13
    II. Seelsorge und Psychotherapie 17
    III. Schweigen und Reden 18
    IV. Aus der Geschichte der Seelsorge 23
    V. Der Auftrag der Seelsorge 29

B. Seelsorge als Lebens- und Glaubenshilfe
Eine Neubesinnung in der Seelsorge auf die Verkündigung des Evangeliums *(Hansjörg Bräumer)* 36

    I. Drei Modelle der Seelsorge 37
        1. Beratende Seelsorge 37
        2. Therapeutische Seelsorge 38
        3. Seelsorge als Lebens- und Glaubenshilfe 39
            a) Der Gottesdienst 39
            b) Das seelsorgerliche Gespräch 42

    II. Hilfreiche Ansätze und Erkenntnisse der Beratenden Seelsorge 44
        1. Das Vorgespräch 44
        2. Der Empfang 45
        3. Die Akzeption 45
        4. Hören und Schweigen 46
        5. Situationsklärung 46
        6. Endphase 47

    III. Grenzen der Beratenden Seelsorge und Schritte jenseits dieser Grenzen 47
        1. Das Schweigen 48

      2. Die Sprachlosigkeit des in Not Geratenen 51
      3. Das Ausbleiben der Heilung 54
      4. Das Mitleben 58
      5. Das Einfühlen 61
      6. Problemlösung aus eigener Kraft 64

  IV. Praxis der Seelsorge 68
      1. Verpaßte Chance 68
      2. Beziehungsstörungen 72
      3. Gespräch mit einem Kranken 74
      4. Krise in Liebe und Ehe 75

C. Grundsituationen des Glaubens *(Hansjörg Bräumer)*   79

  I. Glaube und Anfechtung 79
      1. Glaube angesichts des Schweigens Gottes 81
      2. Glaube angesichts der Einsamkeit und des
         Nichtverstehens 83
      3. Glaube angesichts der Selbstverleugnung 85

  II. Glaube und Vernunft 88
      1. Leben mit Krankheit und Behinderung 89
      2. Vernunft und Glaube 91
      3. Bekehrung und praktisches Christsein 93

  III. Glaube und der Umgang mit der Zeit 95
      1. In deiner Hand liegen die Zeitabschnitte
         meines Lebens 96
      2. In deiner Hand liegt die letzte Zeitspanne
         meines Daseins 98
      3. In deiner Hand liegt jeder einzelne Moment
         meines Seins 99

  IV. Glaube und Angst 102
      1. Die Zukunftsangst 103
      2. Die Lebensangst 106
      3. Die Todesangst 110

V.	Glaube und Scheitern	113
	1. Du bist mein	115
	2. Ich kenne deinen Namen	118
	3. Ich habe dich erlöst	120

LITERATUR IN AUSWAHL 123

Vorwort der Verfasser

Menschlichkeit und Glaube hängen wesentlich davon ab, ob ein Mensch hören kann. Aufmerksames Hören ist die Voraussetzung für Gemeinschaft. Das Nicht-mehr-aufeinander-hören-Können ist das Ende des Verstehens und der Beginn von Einsamkeit und Vereinsamung.

Das Organ des Hörens sind die Ohren. Wie die Augen zum Sehen, so sind die Ohren zum Hören bestimmt. Sehen und Hören ist aber nicht nur ein optisches und akustisches Wahrnehmen, sondern ein Vorgang im Herzen. »Man sieht nur mit dem Herzen gut« (Antoine de Saint-Exupéry) und hört nur mit dem Herzen umfassend.

Das »hörende Herz« ist ein im Alten Testament hochgeschätztes Gut. Die unvergleichliche Weisheit des Königs Salomo bestand darin, daß er Gott nicht um ein langes Leben, um Reichtum oder um Sieg über seine Feinde bat, sondern um ein »hörendes Herz« (1. Kön 3,9–12). Das Herz nennt Salomo genau wie die Ägypter das Organ, mit dem der Mensch Weisheit empfängt. Das »hörende Herz« ist das weise und einsichtige Herz. Allein ein auf Gott hörendes Herz befähigt dazu, zwischen Gut und Böse zu unterscheiden, Menschen zu führen und die Fülle der zu einem Konflikt führenden Momente zu erfassen. Mit dem Herzen hören heißt, nach Gottes Ordnungen, das heißt nach seinen Wegen in der Geschichte der Welt und nach seinen Führungen im Leben des einzelnen, zu fragen. »Ohne das unablässige Hören auf die von Gott gesetzte Ordnung ist der Mensch verloren« (G. v. Rad). Das unablässige Hören beginnt jeweils mit der an Gott gerichteten Bitte: »Gib mir ein hörendes Herz.« Ein »hörendes Herz« läßt den Menschen Zusammenhänge im Handeln Gottes erkennen. Es schafft ein Erkenntnisvermögen und einen Wissensschatz, der in der Bibel Weisheit genannt wird. Voraussetzung der Weisheit ist das Hören.

> »Wer antwortet, ehe er hört,
> dem ist's Torheit und Schande« (SPR 18,13).

Wann immer sich das Reden vor das Hören drängt, ist das Ende der Weisheit angesagt und das seelsorgerliche Gespräch zum Scheitern verurteilt.

Die vorliegende kleine Arbeit mit dem Titel »Mit dem Herzen hören« ist der Versuch, Ergebnisse einer jahrzehntelangen Seelsorgearbeit in Worte zu fassen. Die Autoren, ein Nervenarzt und ein Theologe, sind im Blick auf ihre Ausbildung und ihre Berufstätigkeit völlig verschiedene Wege gegangen. Für jeden der beiden ist sein angelerntes Wissen und seine Berufserfahrung ein Hintergrund, auf den keiner verzichten möchte. Das beide miteinander Verbindende kann in zwei Punkten zusammengefaßt werden:

▶ Als Seelsorger ist es ihre Bitte, daß jeder, der nach ihrer Begleitung sucht, in seinem Leben nach Gottes Ordnungen fragt. Ein auf Gott »hörendes Herz« bewahrt Seelsorger und Hilfesuchende davor, Stimmungen und Gefühlsregungen zu folgen. Orientierungspunkt ist allein der in der Heiligen Schrift offenbarte Wille Gottes und nicht der Trend der Zeit. »Man kann sich nur für einen Weg entscheiden und das Ziel erreichen« (Eleazar ben Joëtz).

▶ Das ihre Seelsorge Kennzeichnende ist das Wagnis, auf Gottes Wort einzugehen. Sie ermutigen den, der nur noch Dunkles sieht, die »Wüste« in seinem Innern auszuhalten, zu durchleiden und zu durchwandern. Sie zeigen den Weg zu dem an der Wurzel ansetzenden Heilwerden, zur Vergebung und zu neuem Leben. Sie beten mit dem, der in die »Wüste« geführt wird, und dem, der der Ausweglosigkeit ausgeliefert ist, um Erlösung.
»Wir stehen immer wieder vor Scherben, bis wir es zulassen zu sein, was wir sind, zu werden, was wir sein sollen« (Margot Bickel).

Die beiden Autoren widmen ihre Abhandlungen dem Seelsorger des Weißen Kreuzes

Pfarrer Gerhard Naujokat
zum 60. Geburtstag

mit den Wünschen um eine weitere segensreiche Arbeit. Gott erhöre das Gebet der Seelsorger und Hilfesuchenden: »Gib mir ein hörendes Herz.«

Stübeckshorn, im Februar 1993

Dr. Theophil Stöckle   Dr. Hansjörg Bräumer
Riehen / Schweiz   Celle

A. Seelsorge, eine Bestandsaufnahme

Einem mir nahestehenden Pastoren sagte sein Kollege anläßlich seines Antrittsbesuches, er wolle sich in seiner neuen Aufgabe hauptsächlich der Seelsorge widmen.

Darauf antwortete der andere lapidar: »Seelsorge ist Macht.« Es ist wahr, und wir wissen es nicht erst seit Alfred Adler – die Jünger haben uns das alles schon vorexerziert –, ein geheimer Wunsch beseelt uns doch alle: das Machtstreben, das heißt, wir wollen über den anderen Macht ausüben. Die Versuchung hierzu ist in der Seelsorge besonders groß, kommt doch der andere als »Ratsuchender« zu uns, ein nicht nur in der Seelsorge gefährlicher Begriff. Er unterstellt jedenfalls, daß der Seelsorger der Wissende ist, die geheimen, unbewußten Zusammenhänge im Leben des anderen kennt, erkennt und zu deuten weiß.

Seelsorge ist gerade *nicht* Macht; aber die Tatsache, daß wir in der Seelsorge Macht über andere Menschen ausüben können, bleibt eine der besonderen Gefahren und Versuchungen in der Seelsorge.

Erich Schick hat in seinem Buch »Der Christ als Seelsorger«[1] gerade auf diese Gefahr und Gefährdung des Seelsorgers besonders aufmerksam gemacht.

I. Biblische Begründung der Seelsorge

Wir können in der Konkordanz nachschlagen und finden nirgends den Begriff »Seelsorge«, weder im Alten noch im Neuen Testament. Darüber müßte man eigentlich viel nachdenken.

Wenn es diesen Begriff in der Bibel auch nicht gibt, so wissen wir doch von einer großen Zahl von seelsorgerlichen Gesprächen,

---

[1] E. Schick: »Der Christ als Seelsorger«. Gießen–Basel, 3. Aufl., 1977.

die uns darin überliefert sind. Aber sie sind samt und sonders aller Lebensberatung, die heute einen Schwerpunkt der Seelsorge ausmacht, enthoben.

In der Seelsorge der Bibel geht es immer um drei Punkte:
- um die Erlösung, das heißt um die Vergebung der Sünden,
- um den Gehorsam und
- um das Satanische.

So können wir auch alle Gespräche Jesu mit Männern und Frauen, die in ihrer Not zu ihm kamen, diesen drei Punkten zuordnen.

Wir wollen die bedeutendsten Gespräche herausgreifen:
Das Nachtgespräch Jesu mit Nikodemus (Joh 3,1–21)
Es ging nicht um seine Probleme mit den Kollegen im Hohen Rat oder, um mit Dobranczynski zu sprechen, um seine schwerkranke Frau Ruth.[2] Es ging nur um eines: »Es sei denn, daß jemand von neuem geboren werde...«

Die Frau am Jakobsbrunnen: Ihr ganzes Leben stand unter dem Thema ihrer Unfähigkeit zu einer echten Begegnung. Kein Wort verliert Jesus darüber, obwohl es das Leiden ihres Lebens war. Es geht Jesus um »das lebendige Wasser, das in ihr eine Quelle des Wassers werden wird, das in das ewige Leben quillt« (nach Joh 4,14).

Denken wir an die namenlose Frau, die wir die Ehebrecherin nennen (Joh 8). Ein erotisches Thema, par excellence. Obwohl es hier um die Thora, das Gesetz, die Weisungen des ewigen Gottes ging – nach Auffassung der Ankläger also um Leben und Tod –, macht Jesus dieser Frau keine Vorwürfe. Er versucht auch nicht, ihren Hintergrund zu erhellen oder die sicherlich vorhandene Problematik ihrer Ehe zu klären.

Jesus stellt diese Frau in eine neue Freiheit, als er sie fragt: »Wo sind sie (deine Verkläger), Frau? Hat dich niemand verdammt?« (Alle hatten ja schon den Platz verlassen.) »Geh hin und sündige hinfort nicht mehr!«

---

[2] J. Dobranczynski: »Gib mir deine Sorgen«. 20. Aufl., Freiburg, 1977.

Es geht hier nicht um eine Analyse aller seelsorgerlichen Gespräche Jesu. Es geht auch nicht um eine Erhellung solcher Gespräche im Alten Testament, zum Beispiel des Gesprächs Natans mit David und vieler Gespräche der Propheten, vor allem von Jeremia, Elia oder Elisa mit Königen, Offizieren, oder auch mit Menschen wie Sie und ich.

Alle diese Gespräche sollen uns heute nur offenbaren, um was es in der Bibel geht, wenn das geschah, was wir heute immer noch »Seelsorge« nennen würden.

Daß die Seelsorge biblisch begründet ist, bedarf keiner weiteren Beweisführung, soll uns aber zu drei biblischen Definitionen dessen führen, was wir unter »Seelsorge« verstehen.

Julius Schniewind, der leider zu früh verstorbene Professor für Neues Testament, sagte: »Paraklesis« (Ermahnung, Trost, Bitte) ist das neutestamentliche Wort für Seelsorge.

Der »Paraklet« ist der »Tröster«, wie Martin Luther übersetzte; er ist der Beistand, der Fürsprecher, eigentlich der Herbeigerufene, mir zur Seite Gerufene.

Hier wird eine wesentliche Aussage über die Seelsorge gemacht. Seelsorge will ermahnen, aber sie will vor allem auch trösten. Sie will »zu-sprechen«, wie es Wilhelm Stählin sagte: »Hier in diesem schönen deutschen Wort ist beides vollgültig ausgesprochen. Ermahnen und trösten ist doch in dem enthalten, was wir Zuspruch nennen.«[3a]

Erich Schick sagte: »Die beste Definition der Seelsorge finden wir in Hebräer 13,17: ›über andere Seelen wachen.‹«[3b] Seelsorge ist ein Wachen über andere Seelen. Um Mißverständnissen vorzubeugen: wachen in dem Sinne, wie eine Mutter über ein krankes Kind »wacht«. Wir brauchen nach Erich Schick »geistliche Erkenntnis unmittelbar aus dem Wort Gottes«, insbesondere, wenn wir dazu berufen sind. Hier offenbart sich der große und begnadete Seelsorger in seiner ganzen Behutsamkeit in der Begegnung mit Menschen, die ihm anvertraut waren.

[3a] E. Schick: a.a.O.
[3b] vgl. Wilhelm Stählin: Predigthilfen, 2. Aufl. 1962, Kassel.

Es gibt noch einen dritten biblischen Begriff. Auch er umfaßt nicht alles, was uns die Bibel in der helfenden Begegnung mit Menschen sagen will. Auch diese Aussage ist schon sehr alt; sie hat ihre Begründung vor allem im Alten Testament.

Ich meine den Begriff des *Hirten*.

Wir wissen, er wurde von Königen gebraucht, auch wenn es im Volk Israel im Gegensatz zu den Völkern des Vorderen Orient keinen König gab, der sich »Hirte« nannte.

Es war die Ehrfurcht vor Gott, der selbst Hirte seines Volkes sein wollte. Denken wir nur an den unvergleichlichen 23. Psalm: »Ich bin der HERR, dein Hirte.«

Nach dem Propheten Jeremia (3,15; 23,4) sollen Hirten »weiden in Einsicht und Weisheit, daß sie (die Menschen) sich nicht mehr fürchten noch erschrecken«.

Seelsorge ist als Hirtenamt kein Selbstzweck, dient auch nicht zur Bestätigung des Helfers in seinen eigenen Problemen (Hes 34).

In Hesekiel 34,16 lesen wir von diesen eigentlich göttlichen Aufgaben: »...das Verlorene wieder suchen und das Verirrte zurückbringen und das Verwundete verbinden und das Schwache stärken«, – und nun auch etwas besonders Notwendiges: »...was fett und stark ist, behüten.« Hesekiel konnte auch warnen vor den Hirten, die sich selbst weiden.

Vielleicht war das alles Vorbild für den Schweizer Reformator Huldreich Zwingli in seiner wegweisenden Schrift »Der Hirt«.

Im Blick auf den »guten Hirten«, wie Jesus sich selbst vorstellte, erfahren wir im Grunde alles über das Hirtenamt des Seelsorgers.

Petrus wurde nach der schwersten Stunde seines Lebens, in dem Gespräch aller Gespräche, in diesem unnachahmlichen Gespräch am See Tiberias, von seinem Meister dreimal zum Hirten eingesetzt (Joh 21). In der gewonnenen Erkenntnis, was das Hirtenamt im tiefsten bedeutet, kann Petrus später die Ältesten ermahnen: »Weidet die Herde Gottes, die euch anbefohlen ist; achtet auf sie nicht gezwungen, sondern freiwillig, wie es Gott gefällt; nicht um schändlichen Gewinns willen, sondern von Herzensgrund, nicht als Herren über die Gemeinde, sondern als Vorbilder« – vielleicht könnten wir auch sagen als Leitbilder (1. Petr 5,2–3). Hier haben wir einen ganzen Katalog einer an der Bibel orientierten Seelsorge.

II. Seelsorge und Psychotherapie

Man könnte es überspitzt so formulieren: Seelsorge ist auch im besten Sinne des Wortes keine Lebensberatung – also keine Hilfe, um mit den gestörten Beziehungen im zwischenmenschlichen Bereich zurechtzukommen.

Mitte und Ende des vorigen Jahrhunderts begann die Psychiatrie, ein eigener wissenschaftlicher Zweig zu werden, und mit der Jahrhundertwende begann die psychoanalytische Forschung. In dieser Zeit hörte man erstmals die Forderung, der Seelsorger müsse möglichst viele Kenntnisse aus diesen Wissenschaften besitzen, um recht Seelsorge üben zu können.

Der bekannte Tübinger Theologe Adolf Köberle hat sich ein Leben lang mit dieser Frage beschäftigt. Er schrieb 1973: »Der heutige Mensch ist mißtrauisch und abweisend gegen jede Art von primitiver Seelsorge. Darum kann man als Seelsorger gar nicht genug wissen von Psychologie, Psychotherapie und Psychiatrie.« Nach Köberle erwartet der moderne Mensch, daß der Seelsorger seiner schwierigen, neurotischen Seelenlage ein »voll aufgeschlossenes Verständnis« entgegenbringt. Köberle schließt auch das Wissen in Literatur, Politik, Kunst und Wissenschaft mit ein.

Köberle weiß aber auch: »Wer anderen zum Segen werden will, muß sich selbst täglich neu durch Geistesempfang segnen lassen.«[4]

Es ist wahr, was Köberle damals auch sagte: »Zu jedem seelsorgerlichen Helfen gehört als erste und wesentliche Voraussetzung die Fähigkeit zu einem grenzenlosen Verstehen und Mit-

---

[4] A. Köberle: »Der Reich-Gottes-Arbeiter«. Heft 5, 1973.

tragen. Solches vermag aber nur, wer selbst schon abgründig gelitten hat unter der Last seines eigenen Lebens.«⁵

Zur Seelsorge gehört das Sehen und Hören »mit dem Herzen«, das ganz tiefe Erkennen und Verstehen meines Gegenübers. Dazu brauchen wir *viel* Zeit.

Wir fragen jetzt: Wenn also Seelsorge keine Lebensberatung ist, was ist sie dann?

III. Schweigen und Reden

Seelsorge ist zuallererst **Hören.** Wer kann das heute noch?

»Auf tausend gute Erzähler kommt ein guter Zuhörer.« Das ist unsere Situation. Wir alle, auch als Seelsorger, sind belastete Menschen. Die Weltereignisse – Krieg, Katastrophen, Terror, Krebs, Streß, Alkohol, Drogen, vielleicht auch in zunehmendem Maße Aids – beschlagnahmen immer mehr unser ganzes Dasein. Wir können das, was uns täglich begegnet und in irgendeiner Form dargebracht wird – ich denke an das, was man sehr anschaulich mit »Medienflut« charakterisiert –, ja nicht mehr verkraften. Auch hier gilt das Wort Jesu: »Wes das Herz voll ist, des geht der Mund über« (Mt 12,34).

Wir müssen doch das, was uns bedrückt, irgendwie loswerden. Die Unterhaltungsindustrie (im weitesten Sinne des Wortes) hat uns fest im Griff, wobei das Fernsehen, aber auch Reisen und Sport, zu den wichtigsten Faktoren zählt. Das alles nimmt uns »gefangen«.

Um es zu verdeutlichen: Ein Gefangener ist seiner Freiheit beraubt, er kann seine Zelle nicht mehr nach Belieben verlassen, seine Essens- und Schlafzeiten werden bestimmt, so auch die Kommunikation mit anderen Menschen wie Besuche, Briefe und vieles andere mehr.

Sind wir wirklich noch ganz frei in unseren Entscheidungen bezüglich Freizeit, Dienst oder Ruhestand?

---

5   a.a.O.

All diese »zentrifugalen« Kräfte – die Kräfte, die uns vom Zentrum wegreißen – wollen uns in der Seelsorge die Zeit der Stille und Sammlung rauben. Ich will damit sagen: Nicht nur die Menschen, die zu uns in die Seelsorge kommen, sind belastet mit unzähligen Beschwernissen; auch der Seelsorger findet kaum noch den Ort der Ruhe und Sammlung.

Wir sagten: **Seelsorge ist Hören.** Ein Seelsorger, der nicht hören kann, muß reden. Je erfahrener er in der Lebensberatung ist, um so schneller wird er reden. Er kennt ja schon alle Zusammenhänge von vielen früheren Gesprächen her. Er ist ja Menschenkenner, und die Probleme sind ohnehin immer die gleichen.

Aber was er dabei vergißt, ist die Einmaligkeit seines Gegenübers. Hier ist ein Mensch, den es noch nie gegeben hat und den es nie wieder geben wird. Und einmalig ist er in seiner ewigen Vergangenheit (Jer 1,5).

»Ich kannte dich, ehe ich dich im Mutterleibe bereitete.« Einmalig ist seine Biographie. Wir stellen fest: Unser Gegenüber hat eine einmalige Individualität, so auch seine Biographie und damit auch seine Leiden und seine Freuden. Sie sind einmalig – und scheinen sie dem Seelsorger auch noch so bekannt. Einmalig ist dieser Mensch, der zu seinem Seelsorger kommt, weil er auch einmalig von seinem Schöpfer geschaffen wurde in diesem einmaligen Lebensentwurf. Um dies zu erkennen, ich meine die Geschichte Gottes mit diesem Menschen, muß der Seelsorger gut zuhören, lange zuhören.

Zuhören ist Schweigen. Schweigen heißt ja zunächst nicht reden. Das kann gut und hilfreich sein, aber für den anderen auch ungeheuer belastend. Hier lauern viele Versuchungen. Wir kennen sie aus der analytischen Psychotherapie, nicht zuletzt im Sinne der eingangs erwähnten Machtausübung.

Es gibt noch einen weiteren Grund, warum der Seelsorger in einem solchen Gespräch, das ja immer in der Gegenwart Gottes geführt wird, nicht nur nicht reden darf: es gilt unter Umständen, mein Gegenüber auf den heiligen Ernst dieser Stunde hinzuweisen.

Es geht darum, daß es in einem seelsorgerlichen Gespräch

letztlich nicht um ihn selbst oder die Menschen und die damit verbundenen Verhältnisse geht, sondern um Gott. Ich habe einmal versucht, das in einem Bild zu veranschaulichen.

Unsere wichtigste Beziehung ist immer die Beziehung zu Gott. Eine Skizze soll dies veranschaulichen:

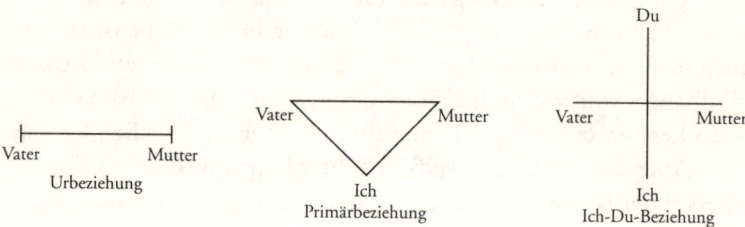

Diese zweidimensionalen Beziehungen – voller Dynamik und Leben – sind unsere zwischenmenschlichen Beziehungen.

Aber, so sagen wir heute, diese zweidimensionalen Beziehungen gibt es gar nicht. Es gibt nur eine **dreidimensionale** Beziehung: die Beziehung über Gott. So gewiß jeder Mensch Vater und Mutter hat, so gewiß hat auch jeder Mensch eine Beziehung zu Gott, ob dieser Mensch an Gott glaubt oder nicht. Dies soll eine dritte Skizze verdeutlichen. Es ist eine Pyramide:

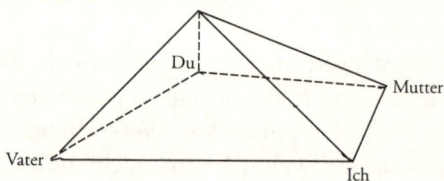

Die Spitze der Pyramide (sie liegt im Unendlichen) symbolisiert meine Beziehung zu Gott. Wir dürfen uns von den statischen, fast unbeweglichen Formen der Zeichnung nicht in die Irre führen lassen. Gerade auch diese dreidimensionale Beziehung ist voller Dynamik und Leben. Viele hundert Seiten der Bibel erzählen davon, und jeder Mensch, der einmal bewußt zu leben begann, weiß davon. In jeder Beziehung ist das Kreuz verborgen, das heißt, ich stehe mit dem andern, dem Du, unter dem Kreuz. Eine erschreckende und tröstliche Vorstellung zugleich.

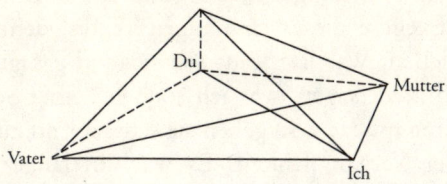

Hier kann es geboten sein, daß der Seelsorger schweigen muß.

Daß er *nach* jedem Gespräch anderen gegenüber schweigen muß, das heißt konkret, nicht reden darf, sollte selbstverständlich sein. Ob die evangelische Seelsorge heute noch darunter leidet, daß es meist als selbstverständlich angenommen wird, daß der Pfarrer mit seiner Frau alles bespricht, ist mir nicht bekannt.

Es gibt auch ein **heiliges Schweigen** in der Seelsorge. Die ergreifendsten Geschichten des Neuen Testamentes, die tiefsten Gespräche Jesu finden wir dort, wo Jesus geschwiegen hat. Dabei denke ich nicht nur an sein Schweigen bei der vorhin erwähnten, von uns so genannten »Ehebrecherin«, als er still in den Sand schrieb.

Nein, ich denke an drei schweigende Begegnungen, jedesmal mit Frauen. Jesus hatte einen Freund. Er zählte nicht zu den Zwölfen, aber es heißt ausdrücklich, daß er ihn liebte, wie man einen Freund liebt. Dieser hatte zwei Schwestern. Beide – so heißt es – liebte Jesus mit opferfähiger Liebe *(agapein;* Joh 11,5). Wir kennen die Geschwister, Lazarus mit seinen Schwestern Marta und Maria. Zu Maria hatte Jesus ein besonderes Verhältnis, das wir, ohne in den Text etwas hineinlesen zu wollen, heraushören können (Lk 10,42; Joh 11,2).

Beide Schwestern machen Jesus nach dem Tod ihres Bruders Vorwürfe. Sie tun es mit den gleichen Worten: »Herr, wärst du hier gewesen, mein Bruder wäre nicht gestorben.« Jesus antwortet

Marta mit den unvergeßlichen Worten über Tod und Auferstehung: »Ich bin die Auferstehung und das Leben. Wer an mich glaubt, der wird leben, auch wenn er stirbt.« Und was sagt Jesus zu Maria, die später auch zu ihm kommt? Nichts. Jesus schweigt und weint. Schweigend gehen sie zum Grab. Das folgende ist sicher keine Exegese dieses einmaligen Textes, denn davon steht nichts geschrieben. Was hat Jesus schweigend gesagt? »Maria, dir muß ich doch nicht sagen, was ich soeben deiner Schwester ausführlich erklären mußte.« So gehen sie schweigend zu dem Ort des Todes und der Vergänglichkeit. Es war ein langer Weg. »Jesus aber war noch nicht in das Dorf gekommen«, lesen wir. Und Jesus schweigt. Ahnt Maria etwas in ihrem Herzen?

Ein Kapitel später (Joh 12,1 ff) lesen wir noch eine ergreifendere Geschichte, als Maria Jesus in einer ungeheuren Verschwendung die Füße salbt. Jesus sagt Maria kein Wort. Er läßt alles still geschehen. Judas protestiert mit sozialen Argumenten: »Diese kostbare Narde – man hätte sie verkaufen sollen und den Erlös den Armen geben!« Jesus antwortet Judas und den Jüngern: »Es soll gelten für den Tag meines Begräbnisses.«

Auch die dritte schweigende Begegnung Jesu mit einer Frau müssen wir hier noch erwähnen. Lukas berichtet uns (7,36 ff), daß ein Pharisäer Jesus eingeladen hatte. Warum er dies tat, wissen wir nicht. Eine stadtbekannte Dirne betritt den Speisesaal. Alle »liegen« zu Tisch, der damaligen Sitte entsprechend. So können wir uns vorstellen, wie diese Frau, von hinten kommend, sich niederkniet, sich über die Füße Jesu beugt und heftig zu weinen beginnt. Ihr langes schwarzes Haar bedeckt ihr Gesicht und die Füße Jesu.

Dann trocknet sie die Füße mit ihren Haaren und salbt sie mit Salböl. Alles geschieht in großem Schweigen, bis der Pharisäer mit Jesus ein Gespräch beginnt. Mit der Frau spricht Jesus während des ganzen Geschehens kein Wort. Erst bevor sie geht, sagt er zu ihr: »Dir sind deine Sünden vergeben.«

Jedesmal spricht Jesus mit den anderen, mit denen, die sich über alles aufregen. Mit den Frauen schweigt er. Ihre Sprache hat er verstanden.

Der Seelsorger muß hören, der Seelsorger muß schweigen,

aber der Seelsorger muß auch reden: *Ego absolvo te* – im Namen Jesu Christi: dir sind deine Sünden vergeben.
Wir fragten: Was ist Seelsorge?
Wir müssen zunächst noch etwas über die Geschichte der Seelsorge sagen, bevor wir zum Schluß versuchen, eine Antwort zu geben.

IV. Aus der Geschichte der Seelsorge

Die eigentliche Geschichte der Seelsorge beginnt mit Jesus. Geschichte ist immer die Schilderung von Ereignissen, die geschehen sind. Wenn wir das Leben Jesu und seine Aussagen einmal näher betrachten, also völlig unvoreingenommen, als ob wir sie zum erstenmal hören würden, dann müssen wir feststellen: Es war bei Jesus alles anders; nirgends übernahm er etwas von dem, was üblich oder bekannt war.

Die Rabbiner seiner Zeit zum Beispiel sammelten ihre Jünger, damit diese von ihnen lernten, es ihnen gleichzutun und wenn möglich ihren Rabbi eines Tages zu übertreffen. Bei ihnen war Seelsorge unbekannt. Sie kannten das Lehrgespräch nur mit Männern. Mit einer ungebildeten Frau sprachen sie nicht.

Jesus suchte und bestimmte selbst seine Jünger.

Er »erwählte« sie (Joh 15,16) zur Nachfolge; sie sollten Vollmacht bekommen über die Dämonen, Kranke heilen und immer wieder verkündigen, daß das Königreich der Himmel nahe herbeigekommen ist. Sie sollten bleibende Frucht bringen, indem sie mit ihm nach Jerusalem gingen.

»Will mir aber jemand nachfolgen« – Jesus zwang niemand –, »der verleugne sich selbst und nehme sein Kreuz auf sich...« (Mk 8,34).

Jesus sagte von sich: »Ich bin der gute Hirte und kenne die Meinen, und die Meinen kennen mich. Meine Schafe hören meine Stimme, und ich kenne sie, und sie folgen mir« (Joh 10). Dies sagte er und lebte es bis zur letzten Konsequenz: »Der gute Hirte läßt sein Leben für die Schafe.«

Mit unnachahmlicher Zartheit begleitete er seine Jünger. Wir lesen darüber nur in Andeutungen. Er konnte sie auch schelten – dann aber immer ihres kleinen Glaubens wegen.

Nirgends lesen wir davon, daß Jesus einem seiner Jünger oder sonst irgendeinem Menschen einen Vorwurf machte. Er konnte klagen über die Juden, auch über die Pharisäer, die ihn oft sehr hart angriffen. Sie haßten ihn mehr und mehr – zu Tode haßten sie ihn. Jesus rang um sie und – liebte sie. Hat Jesus Judas je einen Vorwurf gemacht? Bei seinem Verrat sagte er: »Mein Freund, dazu bist du gekommen?« (Mt 26,50).

Jesu Gespräche und sein ganzes Leben waren und wurden Beispiel. Seine Nachfolger sollten Hirten sein über ihre Herde; über die Gemeinden, die sie gründeten, sollten sie »wachen«.

Wie konnte auch Paulus ermahnen, trösten, bitten! Denken wir nur an den Philipperbrief. Erinnern wir uns, wie er den Korinthern »unter Tränen« schreibt: »Denn ich schrieb euch aus großer Trübsal und Angst des Herzens« (2. Kor 2,4) oder sie als »liebe Kinder« (1. Kor 4,14) ermahnt. So waren seine Apostel in ihrem Hirtenamt echte Nachfolger ihres Herrn, des »Erzhirten«, wie Petrus von Jesus schreibt (1. Petr 5,4). Auch eine notwendig gewordene Einzelseelsorge blieb Angelegenheit der Gemeinde: Evodia und Syntyche (Phil 4,2); Demas (2. Tim 4,10). Dies alles gilt auch für die Pastoralbriefe.

Die Seelsorge blieb bis über die Zeit Martin Luthers überwiegend Sorge um die Gemeinde, Wachen über die rechte Lehre, verbunden mit allen schrecklichen Irrtümern der Kirchengeschichte, die wir jetzt nicht aufzuzählen brauchen. Im Gegensatz zu heute wurde auch immer wieder über den Ernst des kommenden Gerichtes gepredigt; dies dann wiederum auf Kosten des Evangeliums, der Frohen Botschaft, daß Jesus in diese Welt gekommen ist, um Sünder zu retten (Mt 18,11).

In der Seelsorge des einzelnen gab es wahrscheinlich »nur« die Möglichkeit der Beichte. Und das war sehr viel.

Die Beichte hatte vier Merkmale:
1. Sie fand in der Kirche statt. Der Beichtstuhl stand und steht in der Kirche. Ich wage trotz manchen Streites, den diese Tatsache schon früh ausgelöst hat, zu behaupten: dort gehört er hin.
2. Es war eine Ohrenbeichte. Es ging nicht um das Sehen oder um das Gesehenwerden. Ein Holzgitter trennt beide, auch heute noch.
3. Sie sollte anonym, ohne Namensnennung erfolgen.
Das soll doch heißen: der hier seine Verfehlungen bekennt, steht allein vor Gott. »An dir allein habe ich gesündigt und übel vor dir getan« (Ps 51,6).
4. Es ging um das »absolvo te« – die Absolution, die Lossprechung von den Sünden.

Wenn ich diese Form der Beichte recht verstehe, sollte der Priester auch nicht fragen (wenn es auch immer wieder geschah und geschieht).

Ein schönes Beispiel dieser Beichtpraxis als einer echten Seelsorge fand ich bei den Karthäusern: Hier kniet der, der die Beichte hört – der andere sitzt. »Ich elender Mensch! Wer wird mich erlösen von diesem todverfallenen Leibe? Dank sei Gott durch Jesus Christus, unseren Herrn« (Röm 7,24f)!

Der Erlanger Theologe, Prof. Manfred Seitz, machte auf das immer wiederkehrende Gebet des Seelsorgers während der Seelsorge aufmerksam: »Herr Jesus Christus, erbarme dich **unser**!«

Mit dem Pietismus begann das, was wir heute Seelsorge nennen. Ich kenne die Schrift Martin Bucers, des Freundes Melanchthons, nicht: »Von der wahren Seelsorge und dem rechten Hirtendienst.« Ich vermute, daß sie in ihren wesentlichen Aussagen mit der bekannten Schrift H. Zwinglis »Der Hirt« identisch ist. Beiden Reformatoren geht es danach um Seelenführung im besten Sinne des Wortes, Seelenführung der Gemeinde und ihrer Glieder nach den klaren Erkenntnissen des Alten und Neuen Testamentes.

Damit war auch offenbar ein wesentlicher Zug der *vorreformatorischen* Seelsorge verlassen worden. In ihr lag – so dürfen wir nach einer allgemeinen kirchengeschichtlichen Erkenntnis annehmen – ein wesentlicher Schwerpunkt in Verkündigung und Seelsorge auf der Angst vor Hölle, Tod und Teufel und einer einseitigen Betonung der Gesetzeswerke.

Durch den Pietismus – so wollen wir es jetzt etwas vorsichtiger formulieren – erhielt die Seelsorge neue Impulse. Sicher waren auch die Väter des Pietismus überzeugt, daß wir gerecht werden »ohne des Gesetzes Werke, allein durch den Glauben« (Röm 3,28).

Sie standen ganz auf dem Boden der Reformation. Auch ihr »einziger Trost im Leben und im Sterben« war, daß »ich mit Leib und Seel beide im Leben und im Sterben nicht mein, sondern meines getreuen Heilandes Jesu Christi eigen bin« (1. Frage des Heidelberger Katechismus).

Wir wissen heute, daß Philipp Jakob Spener (1635–1705) die Werke Martin Luthers sehr gut kannte und bewußt auf ihnen aufbaute. Es war das Verdienst des Pietismus, neu zu betonen, daß das Heil in Christus nicht nur seiner Kirche, sondern auch mir gegeben wurde: »...der mit seinem teuren Blut für alle meine Sünden vollkömmlich bezahlet und mich aus aller Gewalt des Teufels erlöset hat...«

Aber mit Recht klagte Spener in seinen »Pia desideria«, daß »allgemach in die Theologie viel Fremdes und mehr nach Weltweisheit schmeckendes eingeführt wird. Darin steckt mehr Gefahr, als man denken möchte... Man vergleiche unseres teuren Luthers Schriften, wo derselbe mit Erklärung göttlichen Wortes umgeht oder die christlichen Glaubensartikel behandelt, auch die vor Augen liegenden Werke anderer Theologen seiner Zeit, mit den heute herauskommenden. Man wird wahrhaftig finden, wenn man es frei bekennen will, daß in jenen viel geistreiche Kraft und in höchster Einfalt vorgetragene Weisheit angetroffen wird und wie leer fast dagegen diese sind. In den neueren findet sich wohl ein stärkerer Apparat, von menschlicher prächtiger Gelehrsamkeit, verkünstelten Wesens, auch vorwitziger Geistreichigkeiten in Dingen, wo wir nicht über die Schrift hinaus weise sein sollten.«[6]

---

[6] Ph. J. Spener: »Umkehr in die Zukunft«. Hg. v. C. Bayreuther, 2. Aufl. Gießen 1975, S. 28 f.

Prof. Martin Schmidt, Heidelberg, sagte: »Der Pietismus hat für die Seelsorge Entscheidendes bedeutet.«[7] Schmidt macht darauf aufmerksam, daß es zur Zeit der Väter des Pietismus noch *keine Hausbesuche* gab. Die Seelsorge hatte ihren Schwerpunkt in der Predigt.

Das Wort Seelsorge kommt in den »Pia desideria« nicht vor, und trotzdem war es gerade für Spener ein »herzliches Verlangen nach gottgefälliger Besserung der wahren evangelischen Kirchen« und trat mit dieser Schrift »als ein seelsorgerliches Wort an die Amtsbrüder und zielte durch und durch auf Seelsorge als Kern ihrer Aufgabe«.[8]

So kennen wir auch von Spener die »Unruhe des Herzens: Fromme Menschen werden angesichts der schlechten Kirchen gedrückt«.

Eine echte seelsorgerliche Schrift gab 1701 A. H. Francke (1663–1727) heraus: »Nikodemus oder Traktätlein von der Menschenfurcht.« Diese Arbeit erlebte viele Auflagen. Er schreibt darin über die äußeren und inneren Ursachen der Menschenfurcht.

Schmidt urteilt darüber: »Bei Francke beobachten wir den Umschwung, vielleicht auch nur den Übergang zur Psychologie im Frühstadium.«

So ist für Francke die Menschenfurcht eine »schwere Seelenerkrankung«.

Die Hilfen liegen bei Francke nicht in einer psychischen Behandlung. »Die Hilfen, das erste Erfordernis« sind für A. H. Francke »die Öffnung der Augen. Der Wahnglaube, man sei bereits bekehrt, man verdiene den Namen eines Christen... muß unerbittlich fallen... Der Anfang liegt in einer unerbittlichen Erforschung des eigenen Herzens nach dem Worte Gottes... das muß... im Gebet geschehen, denn Gott selbst muß eingreifen...«[9]

Wenn ich es recht sehe, beginnt das eigentliche Interesse an der Seelsorge, so wie wir sie heute verstehen, im 19. Jahrhundert.

[7] M. Schmidt, Der Reich-Gottes-Arbeiter, 5. 1973.
[8] M. Schmidt, a.a.O.
[9] zitiert nach Schmidt, a.a.O.

Ob hier ein Zusammenhang mit der damals aufgebrochenen »liberalen Theologie« besteht, ist wahrscheinlich, müßte aber noch genauer untersucht werden.

Sicher ist, daß sich die Psychiatrie im vorigen Jahrhundert zu einer anerkannten Wissenschaft mauserte und Ende des Jahrhunderts das Zeitalter der Psychoanalyse begann. 1900 veröffentlichte S. Freud seine »Traumdeutung«; damit begann auch die Zeit der großen Verführung.

Sie begann mit der »Militarisierung des Geistigen«, wie es Erich Schick formulierte[10], und zwar in den siebziger Jahren des letzten Jahrhunderts.

Die Zeit der großen Verführung ist die Zeit des Abfalls vom rechten Glauben. Der rechte Glaube ist der Glaube an die Erlösungstat Jesu Christi für unsere Sünden in Tod und Auferstehung (Lk 19,10; Joh 3,17).

Wir verstehen den Begriff »Sünde« meist moralisch. Dann könnten wir uns irgendwie selbst erlösen.

Oswald Chambers sagt in »Mein Äußerstes für sein Höchstes« ganz richtig: »Sünde ist nicht unrecht tun, sondern unrecht *sein*. Sünde ist vorsätzliches, nachdrückliches Unabhängigseinwollen von Gott. Jesus hat durch seine Identifizierung mit der Sünde die Sünde hinweggetragen, nicht aber durch sein Mitgefühl mit uns.«

»Denn er hat den, der von keiner Sünde wußte, für uns zur Sünde gemacht, damit wir in ihm die Gerechtigkeit würden« (2. Kor 5,21). »Dies alles ist das erhabene Werk Gottes an uns.«

Zwei Begriffe kennt die psychoanalytische Literatur nicht: Glaube (im biblischen Sinn) und Sünde oder Schuld.

Hier beginnt die große Verführung in der säkularen Seelenführung des Menschen. Schuld des Menschen wird, wie Martin Buber einmal sagte, »weganalysiert«.[11]

Buber sprach damals von einem »Austausch des Herzens«.

Das sündige Verhalten wird psychologisch »erklärt«.

[10] E. Schick: »Der helfende Mensch«. Gelnhausen, o. J., S. 15.
[11] A. Sborowitz, E. Michel, in: »Der leidende Mensch«. Düsseldorf/Köln, 1960.

Wer wird widersprechen, wenn einer, der als Kind nie Liebe und Zuwendung erfahren hat, in eine schuldhafte Verstrickung gerät, die ihm aber so, eben im psychologischen Sinn, nicht angelastet werden kann? Im Grunde ist es das alte »Verschiebespiel«, Adam – Eva – Schlange (1. Mose 3).[12]
Nicht der Mensch ist letztlich mehr für sein Tun und Verhalten verantwortlich, sondern seine Mutter, die ihn nie geliebt hat, oder der Vater, der ihn ablehnte, oder, oder, oder... Die Bibel dagegen kennt nur die eigene, persönliche Verantwortung (2. Sam 12,7).

Jesus sagt: »Denn aus dem Herzen (des Menschen) kommen böse Gedanken, Mord, Ehebruch, Unzucht, Diebstahl, falsches Zeugnis, Lästerung« (Mt 15,19). Nur der Heilige Geist kann uns von unserer eigenen Sündhaftigkeit überführen. Der Heilige Geist kann uns in die Gegenwart Gottes führen. Dann entdecken wir, daß es um unsere Beziehung zu Gott geht (Ps 51,6).

V. Der Auftrag der Seelsorge

Eduard Thurneysen hat in seiner klassischen Arbeit »Die Lehre von der Seelsorge« Seelsorge definiert als »Ausrichtung des Wortes Gottes an den einzelnen«.

In seiner Schrift weiß Thurneysen viel Gutes über Seelsorge und Psychologie zu sagen. »Wir (müssen) über ein möglichst exaktes, methodisches und umfassendes Wissen verfügen von seinem seelischen Zustand.«

Doch betont er: »Seelsorge ist und bleibt Wortverkündigung an den einzelnen und kann und will nie etwas anderes sein.«[13]

Thurneysen fährt später fort: »Dem allem gegenüber ist nun aber endlich zu sagen, daß die entscheidende Erkenntnis des Menschen und seiner Lage uns aus der *Heiligen Schrift* selber zukommt. Es liegt im Worte Gottes eine weite und tiefe Anschauung

---

[12] H. Thielicke: »Mensch sein, Mensch werden«. München, 1975. S. 89.
[13] E. Thurneysen: »Die Lehre von der Seelsorge.« 5. Aufl. 1980, S. 175.

des Menschen und aller menschlichen Dinge, wie sie keine Psychologie ersetzen oder gar überbieten kann. Im Gegenteil: davon hätte alle Psychologie Entscheidendes zu lernen. Das Wort Gottes ist aus sich heraus auf den Menschen gerichtet... Man wird den Menschen erst dann richtig verstehen, wenn man ihn von der *Bibel* her versteht. Dort ist aufgedeckt, was im Menschen ist und was keine Psychologie von sich aus wirklich aufzudecken vermag: Des Menschen Elend und des Menschen Größe, mit Pascal zu reden.«[14]

Soll das nun heißen, daß Psychiatrie und die therapeutische Psychologie (ich möchte darin alle etwa 500 psychotherapeutischen Schulen zusammenfassen) keine Möglichkeit der Hilfe haben? Sind sie für den heute orientierungslosen, beziehungsgeschädigten, seelisch leidenden Menschen nicht geradezu unentbehrlich und eine nicht zu unterschätzende Hilfe?

In aller Kürze sei soviel gesagt: Es gibt seelische Krankheiten, die ärztlicher Hilfe bedürfen. Es gibt seelisch Gestörte (fachlich ausgedrückt: abnorme Erlebnisreaktionen); sie bedürfen einer fachlich qualifizierten Orientierungshilfe. Und es gibt abnorme Persönlichkeitsstrukturen, die Psychiater sprechen von »Psychopathen«.

Von ihnen, vor allem in ausgeprägter Form, sagte der bekannte Psychiater E. Kretzschmer: »In kühlen Zeiten begutachten wir sie (die Psychopathen), in heißen beherrschen sie uns.« Kurt Schneider gab die klassische Definition der Psychopathie. Unter den abnormen Persönlichkeiten scheiden wir die Persönlichkeiten aus, die an ihrer Abnormität leiden oder an deren Abnormität die Gesellschaft leidet.[15]

Diese Persönlichkeiten bedürfen in der Gemeinde sehr oft einer lebenslangen Begleitung, wahrlich nicht nur des Pastors oder Predigers.

Wir wollen das Gesagte zusammenfassen:
Alle diese fachtherapeutischen Erkenntnisse und Hilfen ge-

---

[14] a.a.O., S. 178f.
[15] K. Schneider: Klinische Psychopathologie. Thieme Verlag, 5. Aufl., 1955.

hören insgesamt in das sicher heute noch notwendiger gewordene Gebiet der Lebenshilfe und Lebensberatung, aber nicht in die Seelsorge.

Wir wollen auch hier noch einmal Thurneysen zitieren: »Seelsorge wandelt sich dann in psychologische Beratung mit religiösem Einschlag. Es dreht sich alles um: Statt des Wortes Gottes steht die psychologische Beratung an erster Stelle... Sünde wird zu einem Symbol für die Verflechtung des Menschen in neurotische Gebundenheit... Eine Seelsorge, in der sich solch eine Verschiebung der Akzente vom Geistlichen ins Anthropologische vollzieht, mag auf rein psychologischem und psychotherapeutischem Gebiet Erfolg und Anerkennung finden, aber das ihr aufgetragene Werk bleibt ungetan.«[16]

Zum Schluß möchte ich ein Wort Sören Kierkegaards zitieren, es aber abwandeln. Dieses Wort in seiner originalen Aussage stellte Erich Schick seiner »Seelsorge an der eigenen Seele« als Motto voran.

> »Wenn du an deinem Nächsten Seelsorge übst,
> so kannst du dies nur so tun, daß es
> zu deiner eigenen Demütigung dient.«

Seelsorge ist ein Auftrag. Seelsorge wird uns aufgetragen von Gott. Wir können uns mit Seelsorge nicht selbst beauftragen; wir können sie nur im Gehorsam tun. Darum steht am Anfang jeder Seelsorge der Gehorsam, der Gehorsam gegen Gottes Wort. Gehorsam hat mit »Hören« zu tun, wir sind in der Seelsorge zuallererst auf das Hören angewiesen.

Wenn wir, ohne zu hören, das heißt in eigener Beauftragung, handeln, kann es uns gehen wie den Söhnen des Skevas. Verwundet und geschlagen mußten sie das Feld räumen (Apg 19,13–17).

Es kann auch das Gegenteil eintreten mit der gleichen Folge, vielleicht in anderer Form: daß wir scheinbar als Sieger davongehen, uns große Dankbarkeit entgegengebracht wird. Und doch brachte unsere Seelsorge keine Frucht, die bleibt (Joh 15,16).

---

[16] E. Thurneysen: a.a.O., S. 186.

Diese Gedanken hat Erich Schick in »Der Christ als Seelsorger« gültig ausgeführt. Zum rechten Hören brauchen wir Stille und Zeit. Beides wird uns heute geraubt. Das »Abgeschiedensein«, wie es Gerhard Tersteegen uns immer wieder ins Herz sagte, wird zum Fremdwort.

Das »Ringen um die Stille«, »die Ehre darein zu setzen, ein stilles Leben zu führen« (nach 1. Thess 4,11), wird immer schwieriger. So sind mächtige Konzerne der Vergnügungsindustrie und »Unterhaltungselektronik« aufgeboten, um uns die Stille zu nehmen.

Wenn wir von »Hören« sprechen, meinen wir zunächst und zuallererst das Hören seines Wortes. Jede Seelsorge ist im Wort Gottes gegründet. Ohne Wissen um sein Wort, ohne tiefere Erkenntnis seines Wortes ist Seelsorge undenkbar. Für dieses »Hören« brauchen wir viel Zeit und Stille. Den Auftrag zur Seelsorge bekomme ich von Gott und nicht von Menschen in Not. Die uns anschreiende Not der heutigen Menschen darf uns nicht zwingen (Joh 2,4; 11,6).

Im Gehorsam allein gegen Gott werden wir zu diesem Dienst beauftragt. Dies geschieht durch das Geheimnis der Leitung seines Geistes. Gerade sie setzt den Gehorsam voraus. Wir wissen, der Geist Gottes nimmt seine Weisungen sehr ernst (Eph 4,30). Ich kann Jesus nicht nachfolgen und seine Gebote mißachten.

Jesus sagt: »Liebt ihr mich, so werdet ihr meine Gebote halten« (Joh 14,15). »Wer meine Gebote hat und hält sie, der ist's, der mich liebt... und ich werde ihn lieben und mich ihm offenbaren« (Joh 14,21).

In diesem Zusammenhang spricht Jesus von dem »Parakleten«, dem »Herbeigerufenen«, der uns alles lehren und an alles erinnern wird.

Die Liebe zu Jesus ist ein organischer Prozeß. In Johannes 15 erläutert es uns Jesus mit dem Beispiel des Weinstocks und seinen Reben. Es gibt nur eines: das »Bleiben in ihm«, dann können wir ihn lieben und uns »untereinander lieben« (Joh 15,12).

Diese Liebe »drängt« uns (2. Kor 5,14), wie es Paulus formulierte. Seine Liebe leitet uns auch zu dem Dienst der Seelsorge an. Wir haben gesehen, wie notwendig für uns die »Seelsorge an der eigenen Seele« ist, damit wir in seiner Schule, in seiner Vergebung, seiner Reinigung bleiben. Gilt es doch zuallererst für den Seelsorger selbst, daß »das Blut Jesu rein macht von aller Sünde« (1. Joh 1,7).

Seelsorge ist Gnade, eine **Gnadengabe.**

»Eine der zartesten Bürden, die Gott uns Heiligen auferlegt, ist diese Bürde der Einsicht in bezug auf andere Seelen. Er macht uns diese Enthüllungen, damit wir die Bürden dieser Seelen vor ihn bringen und Christi Gedanken über sie in uns gestalten, um dann in diesem Sinne für sie zu beten.«[17]

Es geht um die Bürde der Einsicht in bezug auf andere Seelen. Es war ein Betrug, daß man glaubte, mit Hilfe der psychologischen Schulen – wie sie auch heißen mögen – diese Einsicht zu bekommen oder zumindest besser zu bekommen. Es war ein Betrug, weil diese Lehren uns scheinbar geholfen haben und sich dann als die großen Verführer entschleierten.

Eine Frage konnte, wie wir hörten, durch keine Psychologie beantwortet werden: die Frage nach der Schuld des Menschen. Gerade sie ist das zentrale Thema der Seelsorge, geht es doch in aller Seelsorge letztlich um Sünde und Vergebung. Darum ist die Einsicht in andere Seelen so schwer, und niemand sollte sich zur Seelsorge drängen.

Seelsorge ist Hilfe zur **Befreiung von Lasten.**

Dazu bedarf es nicht nur der Bürde, sondern auch der Gabe der Einsicht in andere Seelen. Eben nicht in die kaum entwirrbaren Verwicklungen der menschlichen Seele oder die hundertfach gestörten zwischenmenschlichen Beziehungen. Es geht in der Seelsorge um das Verhältnis zu Gott.

Gott gibt uns diese Enthüllungen. Er gibt sie uns als Gabe. Sollten wir uns um diese Gabe drängen? Spüren wir, daß Seelsorge das Gegenteil von »Macht« ist?

Mit dieser Gabe, die den Seelsorger nur sehr demütig machen kann, erhält er auch Vollmacht. Er braucht sie für den, der zu ihm kommt (oder zu dem er kommt).

»Ego absolvo te«, so sagten die Priester. Wir sagen: »Im

---

[17] O. Chambers: a.a.O., S. 91.

Namen Jesu Christi, dir sind deine Sünden vergeben.« Wir betonen: Seelsorge ist *Hilfe* zur Befreiung, weil alle Hilfe und alle Befreiung allein von Gott kommen.

Es gibt auch eine **seelsorgerliche Lebensberatung.**

Wenn sie nicht zur »frommen Amateurpsychotherapie«[18] entarten will, muß sie immer das Verantwortungsbewußtsein des Gegenübers im Auge behalten; die Bibel kennt nur dieses.

Eine Frau wurde von ihren vielen psychosomatischen Beschwerden nicht dadurch befreit, daß sie die schwere Schuld ihres Vaters ihr selbst gegenüber ausgesprochen hatte, sondern daß sie *ihre* Schuld ihrem Vater gegenüber bekannte.

So wenig wir die Erlösungstat Jesu für andere in Anspruch nehmen können, so wenig können wir unsere Schuld auf andere legen. Wir stehen alle unter dem Kreuz, und wir leben alle von der Barmherzigkeit Gottes. Bin ich bereit, mich mit dem Tode Jesu zu identifizieren? Jesus sagte: »Wer mir dienen will, der folge mir nach«; das bedeutet: wer ihm nachfolgen will, der sage nein zu seiner Individualität, nehme sein Kreuz auf sich, das heißt, der sei bereit, mit ihm zu sterben, für ihn geopfert zu werden. Nicht, daß wir freiwillig für ihn in den Tod gehen sollen. Wir alle dürfen unsere Gaben, unsere Anlagen und unseren Willen ihm geben, nur er kann sie heiligen.

Seelsorge ist **Gebet.** Wer keine Zeit zum Beten hat, soll nicht seelsorgerlich dienen wollen. Im Gebet erfahren wir den Willen Gottes, wenn wir dabei gelernt haben zu verstummen, damit er reden kann.

Beten ist ein priesterlicher Dienst. Im Beten treten wir fürbittend ein für andere Seelen vor Gott. Im Beten erfahren wir nicht nur unsere eigene Unwürdigkeit und Ohnmacht vor Gott, sondern auch seine Allmacht.

Im Gebet erkennen wir den Menschen, den uns Gott anvertraut hat. »Erkennen« ist ein biblischer Begriff. Er heißt soviel wie den anderen »liebend in mich hineinnehmen«. Im Gebet vor und *während* des seelsorgerlichen Gesprächs erfahren wir auch, was Gott unserem Gegenüber durch uns sagen will.

---

[18] Vgl. Thurneysen a. a. O., S. 186.

Im Gebet erleben wir beide Befreiung, der andere und ich. »Denn also hat Gott die Welt geliebt, daß er seinen eingeborenen Sohn gab, damit alle, die an ihn glauben, nicht verloren werden, sondern das ewige Leben haben« (Joh 3,16).

B. Seelsorge als Lebens- und Glaubenshilfe

Eine Neubesinnung in der Seelsorge auf die Verkündigung des Evangeliums

> »Mit christlicher Seelsorge haben wir es nur dort zu tun, wo es über vorletzte Rettung hinaus um die letzte Rettung, um das Hineinkommen in Gottes Reich geht...
> Solange wir noch raten, wirken, helfen können, solange wir noch mächtig sind, befinden wir uns noch im Vorfeld« (M. SEITZ).

Bereits in den 30er Jahren unseres Jahrhunderts wurde die Devise ausgegeben: »Die Kirche der Zukunft wird eine Kirche der Seelsorge sein oder sie wird nicht sein.« Diese durchaus den Lebensnerv der Kirche treffende Aussage ist eingetroffen. Die Seelsorge wurde zur zentralen Lebensäußerung der Kirche. Eine solche Entwicklung ist bedingungslos zu begrüßen, solange dabei nicht die Verkündigung des Evangeliums auf der Strecke bleibt.

Die Entwicklung in den letzten Jahrzehnten und die Entstehung zahlreicher Seelsorgekonzeptionen unter immer neuen Namen zeigte jedoch, daß die Frohe Botschaft von der Rettung des Menschen durch Jesus immer mehr in den Hintergrund trat, ja auch zum Teil völlig verschwand. Eine Folge davon ist, daß sich Gottesdienst und Seelsorge immer weiter voneinander entfernt haben. Die Seelsorge hat die Stelle des Gottesdienstes eingenommen. Sie versteht sich als Mitte der Kirche, und zwar unabhängig davon, ob im Vollzug der Seelsorge noch Raum für die Verkündigung bleibt. Zahlreiche Seelsorgekonzeptionen verzichten bewußt auf die Weitergabe der Botschaft von der Rettung des Menschen durch Jesus. Die sogenannte »verkündigende Seelsorge« wurde »in Grund und Boden kritisiert« (M. Seitz) und zum Teil ersatzlos gestrichen. Die alles beherrschende Rolle übernahmen Seelsorgerichtungen, die sich zum Beispiel die Namen »Beratende« oder »Therapeutische Seelsorge« gaben.

Diese und andere Seelsorgemodelle bedürfen, um ihre Ziele zu erreichen, nicht unbedingt der Verkündigung des Evangeliums. Sie führen zum Teil eine Eigenexistenz außerhalb der Gemeinde Jesu. Diese Entwicklung hat Paul Schütz schon sehr früh erkannt, wenn er feststellt: Die Seelsorge ist aus der Kirche ausgewandert. Er schreibt:

> »Es taucht die Frage auf, ob die Seelsorge heute nicht schon in jedem Sinne säkularisiert (verweltlicht) sei. In jedem Sinne: insofern als die Gesellschaft ein umfassendes System der Seelsorge bereits eben ausbilde auf der ethischen Grundlage von Selbsthilfe und gegenseitiger Hilfe. Und insofern als die Kirche den ihr verbliebenen Restbestand genau mit den gleichen säkularen Methoden zu verwalten sich gezwungen sieht.
> Es ist in der Tat so. Die Seelsorge ist aus der Kirche ausgewandert. Und sie hat – in einer Rückwärtswendung – das siegreiche Säkulum (= den siegreichen Zeitgeist) von draußen wieder in die Kirche hineingetragen. So ist die Kirche heute in der Verlegenheit, dort zu dilettieren (= sich als Nichtfachmann zu betätigen), wo sie Meister und Ursprung war.«

Angesichts dieser Situation bedarf es einer Neubesinnung auf das die christliche Seelsorge Kennzeichnende. Diese wiederum hat die Klärung und Erklärung der die Hauptrichtungen der Seelsorge bestimmenden Namen und Begriffe zur Voraussetzung.

I. Drei Modelle der Seelsorge

> »Die Begegnung mit der amerikanischen Seelsorgebewegung und die Korrektur des Verhältnisses zur Psychologie führten zur beratenden Seelsorge« (M. SEITZ).

1. Beratende Seelsorge

Da unsere Welt unüberschaubarer geworden ist, erweist sich Beratung auf den verschiedenen Lebensgebieten als notwendig. Menschen, die sich Situationen ausgesetzt sehen, die sie nicht mehr durch das in Erziehung und herkömmlicher Ausbildung Gelernte angemessen bewältigen können, suchen den Rat eines Fachmannes. Der Fachmann, das heißt einer, der sich in der fraglichen Materie auskennt, prüft die Umstände und erteilt einen Rat. In der »Beratenden Seelsorge« aber geht es nicht um einen derartigen Rat, den der sogenannte »Ratsuchende« in der Regel zu seinem Vorteil befolgen kann. »Beratung« hat hier eine völlig andere Bedeutung. Sie ist eine Form der Arbeit am Menschen, die sich auf Konflikte bezieht. Sie »ist daher bemüht, an Stelle des Ratschlages Hilfe zur Selbsthilfe zu vermitteln« (W. Jähnig). Die übergeordnete Aufgabe der Beratung in der »Beratenden Seelsorge« ist es, den »Ratsuchenden« dazu zu befähigen, zur Orientierung über sich selbst zu finden, seine zwischenmenschlichen Beziehungen zu ordnen und ihm wieder zu einer Beziehung zu seiner Umwelt zu verhelfen. Diese Ziele beziehen sich rein auf das diesseitige Leben. Sie sind von dem »Ratsuchenden« selbst zu erreichen. »Beratende Seelsorge heißt nicht, dem andern eine Schwierigkeit abnehmen, sondern ihm helfen, eben diese Schwierigkeit selbst zu meistern« (H. J. Thilo).

2. Therapeutische Seelsorge

Mit dem Begriff »Therapeutische Seelsorge« könnte man meinen, »es handle sich um die Aufnahme einer sehr alten Tradition, die das seelsorgerliche Tun in die Nähe des ärztlichen und die Heilung der Kranken als Auftrag der Kirche sieht« (M. Seitz). Genau hier liegt die Gefahr der Verwendung des Begriffes »therapeutisch«. Es gibt Seelsorger, und zwar nicht nur im amerikanischen Raum, die sich zum Krankenheiler berufen wissen. Sie treten in der Gestalt eines modernen Medizinmannes auf und beschwören eine Zeit herauf, in der die Rolle des Priesterarztes wiederbelebt werden soll. Dabei ist »bisher weder der ›Therapeut als Seelsorger‹ noch der ›Seelsorger als Therapeut‹ überzeugend in Erscheinung getreten. Mit der Funktion als Zeugen sind beide überdies wenig vereinbar« (H. Tacke).

In den meisten Fällen ist die sogenannte »Therapeutische Seelsorge« eine »außerkirchliche Parallelerscheinung«, der es im Unterschied zur christlichen Seelsorge nicht um das »Heil«, sondern »um die Heilung des Menschen geht« (R. Bärenz). Daneben ist der Begriff »Therapeutische Seelsorge« ähnlich wie »Psychotherapie« ein Sammelbegriff. »Sie bezeichnet die Form, in welcher sich die Anwendung beratender Methoden vornehmlich vollzieht... Hinter der sogenannten ›Therapeutischen Seelsorge‹ wohnt das Konzept der ›Beratenden Seelsorge‹ einschließlich ihrer Anwendung im klinischen Bereich« (M. Seitz).

3. Seelsorge als Lebens- und Glaubenshilfe

Orte der Seelsorge, die sowohl Lebens- als auch Glaubenshilfe geben will, sind der Gottesdienst und das seelsorgerliche Gespräch.

a) Der Gottesdienst

Der Gottesdienst hat heute weithin seine zentrale Stellung verloren. Ein Blick in die Apostelgeschichte dagegen zeigt, daß im Leben der ersten Christen der Gottesdienst Mittelpunkt ihres Glaubens und Lebens war. In dem zusammenfassenden Bericht über das gottesdienstliche Leben (Apg 2,42–47) verwendet Lukas zweimal das Zeitwort, das soviel bedeutet wie »ausharren, emsig, beharrlich tätig sein oder bleiben«. Das die christliche Gemeinde Kennzeichnende war ihre Treue, mit der sie an der Lehre der Apostel, an der Gemeinschaft, an der Feier des heiligen Abendmahles und am Gebet festhielten (vgl. Apg 2,42). Sie dachten nicht daran, den großen Gottesdienst im Tempel zu verlassen. Nur das, was sie in Gegenwart der Juden nicht feiern konnten, wie zum Beispiel das Brotbrechen, verlagerten sie in ihre Häuser (Apg 2,46). Die gottesdienstliche Versammlung der Gemeinde nimmt im Leben der Urchristenheit »die alles bestimmende Stellung ein und regiert und trägt das ganze sonstige Leben und Handeln der Gemeinde und der Christen« (W. Hahn).

Im Unterschied zu den ersten Gemeinden kann heute der Gottesdienst nicht mehr als die zentrale Lebensäußerung der Kirche verstanden werden. Rein statistisch gesehen ist der Gottesdienst eine Randerscheinung. Die meisten kirchlichen Gemeinden leiden unter Kommunikationsverarmung. Es fehlt ihnen das gemeinschaftliche Engagement. Das einmal im Gottesdienst verankerte Erleben der Gemeinschaft ist hinausverlagert in Gruppen und Hauskirchen. Man sieht »die biblische Koinonia im Erfahrungsfeld der Gruppendynamik weithin angemessener verwirklicht und vergegenwärtigt als im Raum der institutionalisierten Kirche« (H. Tacke).

Wenn überhaupt noch vom Gottesdienst als Ort der Seelsorge gesprochen wird, dann allenfalls in bezug auf die seelsorgerliche Aufgabe der Predigt bzw. der Bibelauslegung. »Der Gottesdienst als Ganzes wird offenbar vom Bewußtsein (zumindest auf Anhieb) überhaupt nicht mehr mit der Seelsorge in Zusammenhang gebracht« (M. Seitz). Auch in den zahlreichen neueren Gottesdienstmodellen wird Seelsorge kaum oder gar nicht thematisiert oder beabsichtigt. Sie kreisen entweder um politische und soziale Themen, oder aber sie werden gestaltet unter den Gesichtspunkten der Feier, der Spontanität, des Spieles, der Gemeinschaft, der Kreativität, des Festes und der Meditation. Ein Neuansatz findet sich in dem von Hans-Christoph Schmidt-Laubner und Manfred Seitz herausgegebenen Werk »Der Gottesdienst. Grundlagen und Predigthilfen zu den liturgischen Stücken« (Calw 1992). Hier zeigt zum Beispiel Manfred Seitz in einem Beitrag über das innere Teilnehmen am Gottesdienst auf, wie im Gottesdienst als ganzem sich christliche Seelsorge ereignet.

Bereits der Entschluß, zum Gottesdienst zu gehen, beinhaltet die Entschlossenheit, zusammen mit den anderen Glaubenden vor Gott zu treten. Das stehende Gebet am Anfang dient nicht allein der Sammlung. »Im Stehen kommt die Ehrfurcht vor dem Höheren zum Ausdruck (1. Mose 18,22b)... sowie die Bereitschaft zum Hören und Gehorchen (Hes 2,1f.)...« (Adam/Berger). Der

Handelnde im Sonntagsgottesdienst ist Jesus, der Auferstandene. Er spricht zu jedem Gottesdienstbesucher nicht nur, wenn dieser Worte der Heiligen Schrift hört, sondern auch, wenn er in der Stille mitbetet bzw. mitsingt. Er begegnet jedem, der seinen Leib und sein Blut in Gestalt von Brot und Wein empfängt und der sich bewußt unter den Segen im Gottesdienst stellt. Das Sprechen des Segens »geschieht in der Einzahl, weil jeder einzelne persönlich gesegnet wird. Es geschieht mit erhobenen Händen, weil diese Gebärde die Handauflegung auf viele ist« (M. Seitz). Wer bewußt den Gottesdienst in seinen einzelnen Stücken mitfeiert, verläßt das Gotteshaus mit neuer Zuversicht, neuem Mut und neuer Kraft. Er ist ein Getrösteter, denn er war in der Seelsorge Jesu.

Der Begriff Seelsorge kommt in der Bibel nicht vor. Der Wortzusammensetzung nach bedeutet Seelsorge: sich um den Menschen mit seiner lebendigen Seele kümmern. Dabei ist Seele (hebräisch: *näfäš*) nicht ein Teil des Menschen, sondern der ganze Mensch in seinem vollen und je einzigartigen Menschsein. Mit Seele meint die Bibel sowohl das an einen Körper gebundene Leben als auch das unverwechselbare Ich des Menschen. Jedem der Einzelexemplare »Mensch« gilt die Sorge Gottes. »Der Seelsorger ist in erster und letzter Instanz Gott selbst. Er war vor jeder allgemeinen oder besonderen Seelsorge bereits am Werk. Er wirkt weiter, wenn die Seelsorge seiner Werkzeuge endet. Verantwortung und vertrauende Gelassenheit des menschlichen Seelsorgers sind hierin begründet und gefordert« (E. Gleede). Die allgemeine Seelsorge *(cura animarum generalis)*, in der sich Gott ganzheitlich fürsorglich seinen Menschen zuwendet, ist in besonderer Weise im Gottesdienst erfahrbar.

Von Anfang der Verkündigung Jesu an gibt es aber neben dieser »allgemeinen« Seelsorge die »besondere«, die Individualseelsorge *(cura animarum specialis)* in Gestalt der Einzelbeichte und des seelsorgerlichen Gespräches.

b)   Das seelsorgerliche Gespräch

Das Einzelgespräch mit einem Hilfesuchenden hat seine biblische Begründung darin, daß Jesus sich in seiner Verkündigung nicht nur an die Menge wandte, sondern auch ganz speziell einzelnen Menschen nachging. Jesus kümmerte sich, das zeigen zahlreiche Berichte, »auch um den *einzelnen* in seiner persönlichen Ansprechbarkeit und Bedürftigkeit« (K. Kertelge). Er gewährt seine Gemeinschaft einzelnen Ausgewanderten, Entfremdeten, Verstoßenen und gesellschaftlich Disqualifizierten. Er wandte sich aber auch ganz persönlich einem Verlorenen, einem in seiner Gelehrsamkeit Befangenen oder einem an ihm Verzweifelnden zu. Stellvertretend sollen nur drei Frauen und drei Männer genannt werden: Maria von Betanien (Joh 11,32), die Samariterin (Joh 4,7), Maria Magdalena (Lk 8,2), Zachäus (Lk 19,1–10), Nikodemus (Joh 3,1–10) und Petrus (Joh 21,15–19).

Jesus nimmt den einzelnen Menschen in seiner individuellen Lebensgeschichte ernst. Er konfrontiert ihn persönlich mit dem Anruf Gottes.

In der Sorge um den Menschen wandte sich Jesus gleichermaßen an Gruppen bis zu 5000 (Lk 9,14) wie an einzelne. Die Zuwendung an viele (allgemeine Seelsorge) und das Gespräch vom einzelnen zum einzelnen (Individualseelsorge) standen nicht in Spannung zueinander, sie forderten und bedingten sich vielmehr. Nach den Beispielen aus der Seelsorge Jesu ist Seelsorge als Lebens- und Glaubenshilfe sowohl eine kollektive als auch eine Einzelmaßnahme. Seelsorge heute ereignet sich gleichermaßen, je nach Notwendigkeit, im Gottesdienst wie im Einzelgespräch. Dabei unterscheidet sich Seelsorge als Lebens- und Glaubenshilfe von allen anderen Seelsorgekonzeptionen, ohne mit diesen in Konkurrenz zu stehen. Ihre Kennzeichen sind folgende:

▶   *Seelsorge als Lebens- und Glaubenshilfe* ist daran zu erkennen, daß sie nicht nur das Leben im Diesseits, die vorletzte Rettung, im Blick hat. Es geht ihr immer zugleich »um die letzte Rettung, um das Hineinkommen in Gottes Reich«

(M. Seitz). In der katholischen Kirche kann an Stelle »Seelsorge« das Wort »Heilssorge« treten.

▶ *Seelsorge als Lebens- und Glaubenshilfe* ist nach Arthur Richter »christusgemäße Hilfestellung für den ganzen Menschen in seiner geistlichen und seelischen Not unter Berücksichtigung des körperlichen Zustandes. Sie wächst aus der Nachfolge Jesu und bietet das Heil Gottes im Handeln (Wort und Tat) für den anderen an. Sie hat das Ziel, Menschen zu retten. Das schließt ein, daß sie die Not aus den körperlichen und seelischen Störungen voll aufgreift. Sie erliegt dabei aber nicht der Illusion, daß es in diesen Bereichen ein ganzes Heil-Sein gibt und eine Besserung in ihnen schon den Frieden mit Gott bedeutet.«

▶ *Seelsorge als Lebens- und Glaubenshilfe* kann nicht in Konkurrenz treten zu ihren Parallelerscheinungen, der sogenannten »Beratenden« oder »Therapeutischen Seelsorge«. Sie hat einen völlig anderen Auftragsunterschied (Proprium) und somit eine Eigenständigkeit gegenüber allen anderen Seelsorgekonzeptionen. Nur wo die Eigenständigkeit der verschiedenen Bereiche gewahrt ist, wird »der Raum für eine sinnvolle und fruchtbare Zusammenarbeit eröffnet« (R. Bärenz).

▶ *Seelsorge als Lebens- und Glaubenshilfe* ist aufgrund ihrer Eigenständigkeit frei von allen Berührungsängsten mit anderen Seelsorgemodellen. Der Seelsorger, der sich ganz bewußt dem Auftrag der Verkündigung verpflichtet weiß, kann sich ohne Substanzverlust mit den aktuellen Erkenntnissen der Psychologie, Tiefenpsychologie und Psychiatrie vertraut machen. Seine Lernbereitschaft und Vertrautheit mit den humanwissenschaftlichen Erkenntnissen sind für ihn eine Bereicherung. Sie helfen ihm, sein Gegenüber besser zu verstehen und seine eigenen Grenzen zu erkennen. Er ist aufgrund der in seinem Auftragsunterschied begründeten Eigenständigkeit frei, zum Beispiel Hilfesuchende mit neurotischen Störungen an den zuständigen Fachmann zu verweisen und, falls es gewünscht wird, eine Vermittlung in die Wege zu leiten. Er weiß um die Vorteile und Chancen der Methode der Beratenden und Therapeutischen Seelsorge und kann diese soweit wie nötig bzw. möglich einsetzen. Da er jedoch immer sein eigenes Auftragsziel vor Augen hat, beschränkt er sich nicht auf Lebenshilfe. Wo immer Beratende und Therapeutische Seelsorge an ihre Grenzen stoßen, zeigt er Schritte zum Glauben auf.

II. Hilfreiche Ansätze und Erkenntnisse der Beratenden Seelsorge

In der konkreten menschlichen Wirklichkeit ist in einem bestimmten Menschen oft gleichzeitig beides vorzufinden: Er kann zum einen an einer Grundsituation seines Lebens scheitern, zum andern in einer Glaubenskrise stehen. Sucht der Mensch in seiner Not einen Christen unabhängig davon auf, ob dieser Pastor oder Laie ist, so ist dieser als Seelsorger gut beraten, im Blick auf den Ablauf des Seelsorgegespräches die Grunderkenntnisse der Beratenden Seelsorge zu beachten. Thilo geht in seiner Beratenden Seelsorge von acht Phasen des Gespräches aus. Auch wenn dem kritischen Leser und praktizierenden Seelsorger zunächst die Grenzen und Sackgassen geradezu ins Auge springen, so gibt es dabei dennoch manches Positive und Hilfreiche. Dieses soll zusammenfassend in sechs Punkten aufgezeigt und gewürdigt werden.

1. Das Vorgespräch

Das Vorgespräch umfaßt die Zeit, in der bei einem Menschen in Not die Entscheidung reift, einen anderen um Hilfe bei der Lösung seines Problems zu bitten. Der in Not Geratene sucht beiläufige Kontakte zum Seelsorger, beobachtet dessen Reaktionen und ist darauf aus, etwas über die Glaubwürdigkeit und

Verschwiegenheit des Seelsorgers in Erfahrung zu bringen. In dieser Phase fällt die Entscheidung, ob sich der in Not Befindende überhaupt öffnet. Für das Verhalten des Seelsorgers prägte Karl Barth das Bild: Der Seelsorger ist kein »Priester«, sondern ein »Meßbube«, der zur rechten Zeit klingelt. Viele Gespräche sind zu Ende, bevor sie begonnen haben.

2. Der Empfang

Der Seelsorger empfängt den in Not Geratenen mit Handschlag. Er sitzt ihm an einem Tisch, gegebenenfalls bei einer Tasse Kaffee oder Tee, gegenüber, erklärt, daß im Verlauf einer Stunde niemand stören wird und daß auch der Raum keine Ohren hat. Mit dieser Haltung macht der Seelsorger deutlich, daß er dem in Not Geratenen nicht als Mediziner im weißen Kittel gegenübersitzt und daß sein Platz auch nicht wie der des Psychotherapeuten hinter der Couch ist. Bereits der Empfang zeigt, daß der Seelsorger und der, der ihn aufsucht, auf einer Ebene stehen.

3. Die Akzeption

Die klassische Definition von Akzeption findet sich in dem Werk »Gesprächspsychotherapie« des Hamburger Psychologen Reinhard Tausch. Sie kann in zwei Sätzen zusammengefaßt werden:

▶ *Akzeption* ist nicht an Bedingungen gebundene Wertschätzung und Wärme.

▶ *Akzeption* äußert sich in der Bereitschaft, an allem Anteil zu nehmen, wobei das Gegenüber eine autonome Person bleibt.

4. Hören und Schweigen

Der in Not Geratene ist gekommen, um zu reden. Der Seelsorger läßt ihn sich ausreden, ohne ihn zu unterbrechen. »Die Achtung vor dem Menschen drückt sich weniger in Worten als im Schweigen aus« (R. Mens). Entscheidend ist das Durchstehen des Schweigens (2–5 Minuten) in drei Fällen:

▶ *Zu Beginn* des Gesprächs braucht der in Not Geratene Zeit, seine Gedanken zu sammeln und sich auf die Worte zu besinnen, die er sich vor dem Gespräch zurechtgelegt hat (= Initialschweigen).

▶ *Das Schweigen in der Mitte des Gespräches* dient der Überwindung, der Scheu, der Angst und der Scham. Der in Not Geratene muß die Chance haben, das Entscheidende seiner Situation auszusprechen (= Symptomschweigen).

▶ *Das Schweigen* kann auch die Bitte enthalten, das Gespräch zu beenden (= Finalschweigen). Nicht selten jedoch spricht der sich in Not Befindliche im Vollzug des Abschiedes einen neuen Aspekt seiner Not an.

5. Situationsklärung

Die sogenannten spiegelnden Rückfragen können bis zu einem gewissen Grad in der Situationsklärung äußerst hilfreich sein. Spiegeln heißt, »den Inhalt aufnehmen und ihn zurückspiegelnd dem Partner gegenüber zu verdeutlichen« (H. J. Thilo). Der Hilfesuchende wird dadurch in die Lage versetzt, sein Problem noch einmal, und zwar mit anderen Worten – in vielen Fällen treffender –, auszusprechen. »Das Problem, das vor mir liegt, ist nicht so schwierig wie jenes, das hinter diesem steht« (Eleazar ben Joetz).

6. Endphase

Die Gespräche »sollen ebenso gezielt enden, wie sie begonnen haben« (H.J. Thilo). Dabei wird in jedem Gespräch ein Funke Hoffnung geweckt. Dies kann dadurch geschehen, daß neben dem Ziel auf weite Sicht kleine realistische Nahziele anvisiert werden. Es wird nicht immer möglich sein, die Not zu beseitigen. Deshalb kommt es auf Hilfen an, mit der Not zu leben.

Nähert sich der Gesprächszyklus seinem Ende, muß die entstandene persönliche Bindung bewußt gelöst werden. In einem Film von Le Louche sagt der Hauptakteur: »Wenn ich bei Ausbruch eines Feuers die Gelegenheit hätte, einen Rembrandt oder eine Katze zu retten – ich würde die Katze retten, und sie dann wieder freilassen.«

III. Grenzen der Beratenden Seelsorge und Schritte jenseits dieser Grenzen

Die Würdigung der positiven Aspekte der sogenannten »Beratenden Seelsorge« darf nicht darüber hinwegtäuschen, daß der Auftrag, dem sich die »Beratende Seelsorge« wie alle Seelsorgekonzepte, die bewußt auf Verkündigung des Evangeliums verzichten, verpflichtet haben, ein rein humanwissenschaftlicher ist, und zwar sowohl in ihrem Ansatz als auch im Blick auf ihre Zielrichtung. Vereinfacht kann dies an zwei Beispielen verdeutlicht werden:

▶ *Sigmund Freud* nennt die Arbeit, in der er sein Programm der Psychoanalyse entwirft: »Erinnern, Wiederholen, Durcharbeit« (1914).

▶ *Carl Rogers'* Leitsatz für die von ihm entwickelte Gesprächstherapie lautet: »Effektives Beraten besteht in einem ausdrücklich strukturierten permissiven (= mitmenschlichen) Beziehungsgefüge, das dem Klienten (= dem Menschen in Not) erlaubt, ein Verstehen seiner selbst in einem Ausmaße zu gewinnen, das ihm ermöglicht, positive Schritte im Lichte seiner neuen Orientierung zu tun.«

Ihren Siegeszug konnten Seelsorgekonzeptionen, die sich zum Beispiel die Namen »Beratende« oder »Therapeutische Seelsorge« gaben, deshalb antreten, weil sowohl ihr Grundansatz als auch ihre Ziele durchaus den Erwartungen und der Not des Menschen entsprechen. Beide Seelsorgekonzeptionen wenden sich an den Menschen in seiner Geschöpflichkeit und Diesseitigkeit. Der Beratenden Seelsorge geht es vor allem um das Beistehen in den Grenzsituationen des Lebens, der Therapeutischen um das Heilwerden durch das helfende Gespräch.

Verhängnisvoll jedoch sind die Grenzen, an die die beiden Seelsorgekonzeptionen stoßen. Sie können allein dadurch überwunden werden, indem die Verkündigung der Erlösung durch Jesus sowohl im Einzelgespräch als auch im Gottesdienst der Gemeinde wieder zum Dreh- und Angelpunkt der Seelsorge wird. Wie dies geschehen kann, soll an sechs Punkten aufgezeigt werden, wobei jedes Mal zunächst die Sackgasse beschrieben wird, in die die Seelsorge ohne Verkündigung gerät.

1. Das Schweigen

In den sich als *Gespräch verstehenden Seelsorgekonzeptionen* ereignete sich etwas Merkwürdiges. Sie wurden »sprachlos und stumm« (M. Seitz). Der Hilfesuchende findet in seiner Not kein tatsächliches Gegenüber mehr. Sein Gesprächspartner »antwortet« nur noch mit Nicken des Kopfes, mit Lauten wie »Hm, Hm«, oder er beschränkt sich auf die sogenannten »Spiegelantworten« (H. J. Thilo). Für den Fortgang des seelsorgerlichen Gespräches ist es durchaus nicht unbedeutsam, »die Aussagen des Partners unter Herausstellung des augenblicklichen Emotionsgehaltes zu spiegeln« (R. Bärenz). Wenn der Seelsorger jedoch nichts anderes zu sagen weiß als Spiegelantworten, bleibt er dem in Not Geratenen die Hilfe schuldig. Seelsorge heißt eben nicht nur hören und verstehen, sondern auch beistehen vom Evangelium her. Das heißt, der Seelsorger muß aussagefähig werden »für den lebendigen und gegenwärtigen Christus und ihn in den vorgegebenen Seelsorgestrukturen situationsbezogen auch tatsächlich aussagen« (M. Seitz).

Angesichts der immer größer werdenden Schar der »Hm-Hm-Sager« braucht es Seelsorger, die die Grenze des Schweigens erkennen und bereit sind zu mutigen, aus dem Evangelium gewonnenen Antworten. Es gilt, die Notwendigkeit der *Verkündigung in der Seelsorge* neu zu entdecken. Seelsorge, die Verkündigung bewußt einbezieht, ist nicht beanspruchende Seelsorge, die die Machtlosigkeit des in Not Geratenen ausnützt. Als Verkündiger ist der Seelsorger Bote Jesu, Zeuge des Evangeliums. Er gibt nicht seine eigenen Meinungen und Erfahrungen weiter, sondern er sieht in dem in Not Geratenen ein Geschöpf Gottes, mit dem Gott eine einmalige Geschichte hat. In seinen Antworten versucht er die Spuren dieser Geschichte aufzuzeigen. Dabei dringt er nicht distanzlos in das Leben des in Not Geratenen ein. Er gibt keine Weisungen, sondern er legt Worte der Bibel aus unter Gebet und in der Hoffnung, daß sein Gegenüber Teile erkennen und aufnehmen kann, die ihm zur Hilfe und zum Trost gereichen. In diesem Sinne ist der Seelsorger Prediger des Evangeliums. An seine Aussagen im Einzelgespräch ist derselbe Maßstab anzulegen wie an eine gute Predigt. Als gute Predigt bezeichnet Eduard Steinwand eine Predigt, »die nicht darin besteht, daß sie mir sagt, was ich zu tun habe«! Durch eine gute Predigt kommt vielmehr ein Text so in Bewegung, daß der Hörer von einem Geschehen erfaßt wird, das ein Zweifaches bewirkt:

▶ Es stellt den Hörer vor den unerhörten Anspruch Gottes.

▶ Es stellt den Hörer hinein in die Geborgenheit, die allein Gott gewährt.

Es ist nicht leicht, im Einzelgespräch ein Prediger des Evangeliums zu sein. Ist der Seelsorger zugleich Pastor einer Gemeinde, so hat er die Möglichkeit, den bei ihm Hilfesuchenden zur sonntäglichen Predigt im Gottesdienst der Gemeinde einzuladen.

Hans Lauerer, der 1953 verstorbene Rektor der Neuendettelsauer Diakonissenanstalt, praktizierte dies folgendermaßen. Er entließ eine Schwester, die er zur seelsorgerlichen Aussprache empfangen hatte, nach dem Zuhören mit den Worten: »Morgen in der Predigt werden Sie den für Sie geltenden Zuspruch und Rat empfangen, dessen viele andere mit Ihnen auch bedürfen.«

Die Predigt hat ein generelles und ein spezielles seelsorgerliches Anliegen.

▶ Der Prediger, der sich im Gehorsam dem Wort gegenüber verpflichtet weiß, ruft zum Gehorsam gegenüber Gott auf.

▶ Das spezielle seelsorgerliche Anliegen nennt Eduard Steinwand den Aufruf zur Bekehrung des Menschen. Er geht davon aus, daß sich der Mensch zweimal bekehren muß, einmal von der Sünde zur Gnade und zum andern von der Gnade zur Natürlichkeit und Geschöpflichkeit. Dabei beruft sich Steinwand auf Johann Christoph Blumhardt: »Der Mensch muß sich zweimal bekehren, einmal von der Sünde zur Gnade und dann von der Gnade zur Natur.«

Der Gottesdienst als Ganzes – nicht die Predigt allein – ist seinem Wesen nach Seelsorge. Die Predigt speziell ist nicht darauf angelegt, Anweisungen für jedes Verhalten zu geben. Das Zeugnis der Predigt besteht auch »nicht in der Durchsetzung der Verkündigung mit Selbsterlebtem, mit eigenen Leiden und Freuden« (E. Steinwand). Da jede Not einmalige Not ist, helfen derartige Beispiele nur bedingt. In der Predigt werden die Hörer vor die Wirklichkeit Gottes gestellt. Menschen in Leid und Not finden so aus dem Wort Gottes Hilfe und das rechte Verhalten.

2. Die Sprachlosigkeit des in Not Geratenen

Es gibt eine Grenze des *seelsorgerlichen Gespräches,* die in der Erfahrung besteht, daß der Gesprächspartner in seinem Sprachvermögen blockiert ist. Dabei ist nicht an eine Blockade gedacht, der durch seelsorgerliche »Sprachhilfe« zu begegnen ist, sondern an »Formen des Leidens, die zum Verstummen zwingen, in denen kein Gespräch mehr möglich ist, in denen der Mensch aufhört, als menschliches Subjekt zu reagieren« (D. Sölle). Eine solche Sprachlosigkeit ist nicht nur Folge schwerer psychotischer Krankheiten, »sondern wohnt auch in den Seelen derer, die unter harten Verlusten, in Tränen und Trauer die Sprache verloren haben, deren Leben vereinsamt ist oder die unter der Frage nach dem Wert ihres Lebens ermüdet sind« (H. Tacke).

Beispiele für die Grenze des Sprechenkönnens sind die sogenannten »Schweigeanrufe«, von denen die Mitarbeiter der Telefonseelsorge zu berichten wissen. Die anonyme Telefonseelsorge wird von jenen Menschen in Anspruch genommen, die nicht mehr begegnungsfähig, wohl aber noch gesprächsfähig sind. Der Telefonseelsorger ist wie kein anderer Seelsorger auf das Wort des anderen angewiesen, und auch er selbst kann die Distanz zum anderen nur durch das Wort überbrücken. Bei den Schweigeanrufen aber bleiben beide allein, der, der die Nummer gewählt hat, und der, der den Hörer abnimmt. Dieser Grenze des Sprechens kann der Seelsorger nur entgegenwirken, indem er sagt: »Bleiben Sie am Apparat, ich werde für Sie beten«, oder: »Ich werde Ihnen ein Wort der Heiligen Schrift zusprechen.«

Aus Blumhardts Briefseelsorge ist ein Schreiben erhalten, das er an eine Frau richtete, die sprachlos geworden war und deren Gefühle erstarrt waren. Dieser Frau, die sich nicht mehr äußern und ihre Not auch nicht mehr artikulieren konnte, spricht Blumhardt zu: Dein Verhältnis zu Jesus hat sich dadurch nicht geändert. »Sie, liebe Frau, gehören dem Heiland an, ob Sie Erstarrung fühlen oder nicht. So haben es viele. Wenn da gleich der Heiland ganz weg wäre und nichts mehr von uns wollte, das wäre gefehlt. So ist es aber nicht, und es braucht nur ein geduldiges Auswarten, bis das, was dennoch in der Seele liegt, wieder besser hervor ins Gesicht kommen darf.«

Menschen, die in ihrer Not sprachlos geworden sind, brauchen einen Ort, an dem ihnen immer wieder zugesprochen wird: »Du bist nicht verlassen!« »Du gehörst Jesus!« Sie brauchen diesen Ort, um das »geduldige Auswarten« durchzustehen. Einen solchen geschützten Raum kann ein Seelsorger nicht bieten. Er ist allein im Gottesdienst der Gemeinde zu finden.

Der *Gottesdienst* hat überindividuellen Charakter, das heißt, es kommt nicht in erster Linie auf das Handeln und das Sprechen der einzelnen Teilnehmer an. Das Besondere ist vielmehr, daß jeder Teilnehmer eines Gottesdienstes mit hineingenommen wird in die unzählbare Schar derer, die im Himmel und auf Erden Gottesdienst feiern. Dieser Wesenszug des Gottesdienstes findet seinen Ausdruck in dem Begriff »Liturgie«. Das griechische Wort Liturgie *(leiturgia)* heißt wörtlich übersetzt: »die zum Wohl des Volkes geleisteten Dienste« (A. Adam). Im Alten Testament (LXX) wird mit »Liturgie« der Tempeldienst der Priester und Leviten beschrieben.

Im Neuen Testament wird der Mittlerdienst Jesu »Liturgie« genannt. »Nun aber hat Jesus einen um so vorzüglicheren Priesterdienst (Liturgie) erlangt, als er auch Mittler eines höheren Bundes ist« (Hebr 8,6). In seiner ursprünglichen Bedeutung hat der Begriff Liturgie »primär Geschenkcharakter« (A. Adam). Er umschreibt den Gottesdienst im umfassenden Sinn. In den Ostkirchen, den sogenannten Orthodoxen Kirchen, ist der Gottesdienst Abbild der himmlischen Liturgie, wie sie die Offenbarung des Johannes schildert. Der den Gottesdienst Mitfeiernde nimmt an einer göttlichen Wirklichkeit teil, die ihn »tief anrühren und verwandeln kann« (P. Wiertz).

In den reformatorischen Kirchen, die weithin als liturgisch verarmt gelten, gibt es ein Spezifikum, das in dieser Weise keine andere Kirche kennt. Es ist der Reichtum an Kirchenliedern. Es gibt Choräle, die die Sprache der Klage- und Zuversichtspsalmen nachempfinden. Andere sind geprägt von dem durchlittenen Leid der Liederdichter.

Die Choräle sprechen eine Sprache, über die der durch sein Leid sprachlos Gewordene nicht mehr verfügt. Dem in seiner Not Verstummten kommen die Choräle zu Hilfe. Er kann in der Stille mitsprechen oder aber laut einstimmen in:

Aus tiefer Not schrei ich zu dir...[1*]
Auf meinen lieben Gott trau ich in Angst und Not...[2]
Wenn wir in höchsten Nöten sein und wissen nicht, wo aus noch ein...[3]
Ach Gott, verlaß mich nicht...[4]
Warum sollt ich mich denn grämen? Hab ich doch Christum noch...[5]
Wenn ich einmal soll scheiden, so scheide nicht von mir...[6]
Befiehl du deine Wege...[7]
Allgenugsam Wesen, das ich hab erlesen mir zum höchsten Gut...[8]
Nun sich der Tag geendet...[9]
Ich bete an die Macht der Liebe...[1]
Nun so will ich denn mein Leben völlig meinem Gott ergeben...[2]
Wie bist du mir so innig gut, mein Hoherpriester, du!...[3]

Diese Lieder sprechen eine Sprache, die auch angesichts eines drohenden Abgrundes nicht zu verstummen braucht. Dabei muß der sprachlos Gewordene diese Lieder nicht aufsagen. Er braucht sie auch nicht vorzusingen. Er kann im Gottesdienst einfach mitsingen! »Es umflutet uns und nimmt uns auf, wir stimmen ein und werden getragen; es fragt keiner, ›warum singst du jetzt?‹, sondern der Mann hinter mir, die Frau vor mir und das Kind an meiner Seite tun es auch. Umsungen singen wir mit« (M. Seitz).

Ganz ähnlich verhält es sich bei den Gebeten im Gottesdienst. Die Sprache des Gebetes hat eine lange Geschichte, die bereits bei den alttestamentlichen Psalmen auf einen Höhepunkt gelangt war. Das Gebet im Gottesdienst lädt den in seiner Not Verstummten dazu ein, mitzubeten.

»Es ist vielleicht die einzige Sprache, der sich der ›sprachlose‹ Mitmensch anzuschließen und anzuvertrauen vermag« (T. Tacke).

---

[*] Evangelisches Kirchengesangbuch: 1) 195; 2) 289; 3) 282; 4) 301; 5) 297; 6) 63, V. 9; 7) 294; 8) 270; 9) 367.
Gemeindelieder: 1) 313; 2) 340; 3) 343.

Im gottesdienstlichen Gebet vollzieht sich die gemeinsame Wendung an den »Gott allen Trostes« (2. Kor 1,3). Dabei ist bereits die Haltung des Beters ein Stück Gebet. Indem der Beter die Hände zum Gebet faltet, folgt er einer alten germanischen Sitte, die soviel bedeutet wie: Ich lege meine Waffen aus der Hand. Ich gebe mein Aufbegehren, meinen Streik und meine Proteste auf. Ich erwarte Hilfe, neue Sinngebung und Auftrag von dem Herrn, vor dem ich stehe.

Die Germanen verstanden unter »Herr« (althochdeutsch: *druhtin*) nicht etwa den Herrscher, dem ein Sklave macht- und rechtlos ausgeliefert ist, sondern den »Gefolgschaftsführer«, in dessen Schar nur der freiwillige Entschluß hineinführt. Die Absicht, in die Gefolgschaft eines Herrn zu treten, bekundete der Germane mit dem Gestus des Händefaltens. Das Händefalten bedeutete soviel wie: »Ich bin dein Mann, dir in Vertrauen und Dienstbereitschaft zugetan« (Kurt Dietrich Schmidt).

3. Das Ausbleiben der Heilung

Es gibt eine Fülle von Veröffentlichungen, vor allem aus dem amerikanischen Raum, die die Heilung von körperlichen Gebrechen oder aber zumindest die innere Heilung als vornehmliches Ziel aller Seelsorge bezeichnen. In einem dieser Werke wird sogar gefordert, daß der seelsorgerliche Akt des Heilens auch einem Sterbenden zuteil werden soll. Der Sterbende, so heißt es, darf nicht als Kranker, sondern nur als Geheilter diese Welt verlassen, um gesund an Leib und Seele in die Ewigkeit einzugehen. Das große Ziel, so ist in dem Nachwort zu dem Buch von H. Clinebell »Modelle beratender Seelsorge« zu lesen, ist es, daß »die einseitige Verschulung der Kirche als ecclesia mater et magistra« (als Kirche, die Mutter und Lehrerin ist) rückgängig gemacht werde. Die Kirche muß wieder »ecclesia mater et medica« (Kirche, die Mutter und Ärztin ist) werden (H. Harsch). In einem Buch von A. Allwohn wird gefordert, daß sich die Theologen dem »Monopolanspruch des Arztes« zu widersetzen hätten. Es muß wieder zu christlichen Glaubensheilungen kommen. Als vorbildlich gilt dabei das Wirken des amerikanischen Pfarrers Bonell, der am Krankenbett einem Patienten folgende »heilende« Worte zuruft: »Gerade jetzt, in diesem Moment, strömt Gottes Heilkraft in Ihren Körper. Glauben Sie an Gott.« Nicht selten geht man davon aus, daß hinter den Krankheiten Dämonen als Verursacher stehen, denen es zu »gebieten« gilt. Man treibt die Krankheitsdämonen, etwa den Dämon des Kopfschmerzes, aus. Eine große Rolle spielen dabei die mehrfach wiederholten Handauflegungen.

Solchen und anderen Strömungen, die zum Teil den Begriff *heilende* oder *therapeutische Seelsorge* für sich in Anspruch nehmen, täte es gut, in die Schule des glaubenstherapeutischen Seelsorgers Johann Christoph Blumhardt zu gehen. In einem Brief an Pfarrer Supper schreibt Blumhardt über das Zusammenwirken von Arzt und Seelsorger: »Wenn es auf eine Handauflegung und auf Gebet nicht besser wurde und man nachher den Rat gab, man müsse alle Arzneien lassen, so will mir das nicht gefallen. Man will damit einen Grund angeben, warum jenes nicht geholfen habe, und die Meinung beibringen, es fehle nur an diesem, indem sonst unfehlbar die Hilfe käme. Hierin steckt viel Unlauteres und fast das Streben, die Heilung erzwingen zu wollen. Ich nun rede nie gegen den Arzt und lasse den machen, wenn ich auch unter Umständen Vorsicht anrate... Solange Gott nicht direkt und plötzlich hilft, sind wir genötigt, Männer zu Rate zu ziehen, die es verstehen, und an ihre Mittel uns zu halten.«

In seiner Abhandlung über die Heilung der Dämonischen geht Blumhardt davon aus, daß er mehr als alle anderen in die Kräfte der Finsternis hineinsehe. Gerade dieser Umstand aber veranlaßt ihn im Umgang mit Besessenen zu folgenden Verhaltensweisen: »Mit ihnen selbst bete ich niemals, ich lege ihnen nie die Hände auf, warne auch vor einer weitläufigen, insbesondere auf das Dämonische sich beziehenden Beterei; übergebe sie sodann, je nachdem es Leute sind, in den einfachen Umgang meines großen Hauspersonals oder entlasse sie, was gewöhnlich nach wenigen Minuten geschieht, und befehle ihnen den Besuch meiner Gottesdienste in der Zeit ihres Hierseins an... noch nie habe ich es wagen dürfen, auch noch nie die Versuchung gehabt, etwa zu sagen: ›Ich gebiete dir, im Namen‹ usw.«

Vom Umgang mit Kranken allgemein schreibt Blumhardt, daß er oft 20, 30 bis 40 Personen in einer Stunde »abgefertigt« habe, »selbst wenn einzelne darunter durchaus allein mit mir sprechen wollten. Von etwas anderem als von Gebet und Gebetsverheißungen und sonst geistlichen Gedanken war nie die Rede. Sonst, wie ich schon oben in bezug auf die Geisteskranken bemerkte, wurde man bald gewohnt, nur am Sonnabendabend oder Sonntagmorgen in die Kirche zu kommen. Ich bete aber mit keinem, *lege keinem die Hände auf,* predige nicht mit besonderer Rücksicht auf die Kranken, bete auch in der Kirche nicht besonders für die Kranken, lege aber das Wort mit Rücksicht auf die Entwicklung des Reiches Gottes aus, die notwendig Buße und Lassen von Sünden und Glauben an das Versöhnungsblut zur Aufhebung von aller Sünde und allem Übel erfordere.«

Für Blumhardt gab es kein glaubenstherapeutisches Handeln ohne die Einbeziehung der Hilfe- und Heilungsuchenden in den Gottesdienst. Er schreibt: »Daß ich auf den Gottesdienstbesuch einen Hauptwert lege, ist so ziemlich überall bekannt, weswegen die Kranken meist nur am Sonnabend oder Sonntagmorgen, da sie mich erst nach der Kirche besuchen dürfen, hierherkommen.«

Zum Samstagabendgottesdienst lud Blumhardt in die Schule in Möttlingen ein. Er wurde »einfältig katechetisch gehalten, ohne daß ich anders, als ich's für meine Gemeinde dienlich finde, redete oder predigte.« Von der Sonntagspredigt sagt Blumhardt: »Meist gehen die Angefochtenen und deren Angehörige mit getrostem Mute fort.«

Große Bedeutung schrieb Blumhardt der Fürbitte zu. Er schreibt darüber: »Was ich fürbittend tue, hat sein Absehen darauf, daß die Betreffenden merken sollen, daß es sich um eine Rückkehr der Geistesgaben handle, die nicht als daseiend vorausgesetzt werden dürfen, und dann um den Glauben an die Nähe des Herrn. Ohne diese höheren Gedanken hätte ich auch wenig Drang zur Fürbitte... Ich möchte die Fürbitte als etwas Heiliges und Göttliches nehmen und aus ihr nicht gleichsam etwas Handwerkmäßiges machen.«

Blumhardt, der klassische glaubenstherapeutische Seelsorger, ist nie in eine Heilungseuphorie verfallen. Sein seelsorgerliches Wirken war aufs engste verzahnt mit dem Gottesdienst.

Im Gottesdienst erhielten auch die Antwort und Trost, die mit einer Behinderung leben mußten, die unheilbar krank waren und denen Leiden zugemutet wurden, deren Ende nicht absehbar war.

Gerade an diesen Grenzen der Heilung braucht es Seelsorger, die vom Evangelium her situationsbezogene Antworten finden auf die Fragen »nach der Sinnbedeutung von reduziertem Leben und nicht abschaffbarem Leiden« (M. Seitz).

Von besonderer Tragik ist es, wenn ein »Geheilter« erkennen muß: Meine Heilung war eine Täuschung, an der ich mit allen Kräften meines Empfindens und Fühlens festhielt, so daß ich meinte, alle Symptome seien verschwunden. Die Tragik ist dann vollkommen, wenn der vermeintlich Geheilte keinen Seelsorger mehr findet, der ihm dazu verhilft, sein Leiden zu bejahen und selig zu sterben.

Für die Fülle der Verzweifelten und Irregeleiteten soll nur ein Beispiel genannt werden. Eine Frau, Anfang 40, bekam die Diagnose zu hören: Krebs! Metastasen im ganzen Körper und die Empfehlung: Chemotherapie. Sie geriet in die Hände von Glaubensheilern. Unter Gebet und Handauflegung wurde sie – so empfand sie es zumindest – geheilt und verzichtete auf die Chemotherapie. Das Wunder wurde in öffentlichen Glaubenszeugnissen gefeiert. Als neue Beschwerden auftraten, wurde der Krebserkrankten Unglaube bescheinigt. Außerdem bekam sie zu hören, daß in ihrem Leben noch unbekannte Sünden vorhanden sein müßten. Sie wurde aufgefordert, nach Sünden, die bis in ihre Jugend zurückreichen, zu forschen und diese zu beichten und noch einmal zu beichten. Als sich das Endstadium näherte, sagten ihre Heiler immer noch: Es müssen noch unbekannte Sünden vorliegen. – Seelsorger, die die zum Tode Erkrankte zu einem Ja zu ihrer Krankheit und zum Sterben hätten begleiten können, wurden bewußt ferngehalten. Die Frau starb unter dem zur Verzweiflung treibenden Urteil: Da muß es noch unbekannte Sünden geben. Der Glaube war zu klein! Ihr Ende und ihr Tod haben den Kreis der »Heiler« nicht zur Besinnung gebracht. Der Tod der Frau wurde totgeschwiegen, und die »Heiler« suchten sich neue Opfer.

4. Das Mitleben

Beratende Seelsorge geht aus von der Problembeladenheit der gegenwärtigen Lebensverhältnisse. Sie »nutzt eine Beziehung zwischen zwei Personen oder einer kleinen Gruppe, um dem Menschen zu helfen« (H. Clinebell). Dabei leben der Seelsorger und sein Gesprächspartner nur für kurze Zeit auf einer Ebene. Nach Beendigung des Gespräches geht für jeden der beiden sein eigenes Leben weiter. Sie sprechen miteinander, aber es verbindet sie weder gemeinsame Arbeit noch gemeinsames Fest. »Diese Grenze des Gespräches überläßt zumeist den seelsorgebedürftigen Menschen wieder seiner Einsamkeit« (H. Tacke).

Der Seelsorger fungiert ganz ähnlich wie der Chefarzt eines großen Krankenhauses. Die Chefvisite ist nützlich und erwünscht. Der Kranke jedoch fühlt sich nicht besucht. Ganz ähnlich reduziert sich notwendigerweise die Beratende Seelsorge auf geplante und abgesprochene Termine. Der Seelsorger agiert bzw. reagiert punktuell. Es fehlt die Kontinuität, die bleibende Verbundenheit. »Diese Grenze ist nur zu ertragen, wenn die Seelsorge jenseits dieser Grenze weitergeht« (H. Tacke).

In einem Fall, nämlich in dem der Gottliebin Dittus, ging Blumhardt einen gewagten Weg. Nach zweijährigem unablässigen Ringen um die Befreiung und Heilung der Gottliebin nahm Blumhardt sie als Hausgenossin in seine Familie auf. Viktor von Weizsäcker nennt dies einen doppelten Sieg: Blumhardt hatte den Abzug der Dämonen, die Gottliebin die Lebensgemeinschaft mit Blumhardt erreicht.

Ein beständiges Mitleben mit Menschen in Not wäre nur dann möglich, wenn alle, die unseren Rat und Hilfe suchen, auch unsere Hausgenossen würden, »wenn im Haus gleichsam so viele Wohnungen wären, daß eine allgemeine Hausgenossenschaft einträte« (V. von Weizsäcker). Solche Entscheidungen wie die Blumhardtsche bleiben Einzelfälle, die nicht ohne Probleme sind. Zwischen Blumhardt und der Gottliebin entwickelte sich eine gegenseitige Bindung, die weit über die seelsorgerliche Beziehung hinausreichte. Als Theodor Brodersen, ein Schleswig-Holsteiner, der Gottliebin einen Heiratsantrag machte, war die Reaktion der Gottliebin und die Blumhardts wie folgt: Auf Brodersens Anfrage schrak die Gottliebin zusammen, »und fast noch mehr erschrak Blumhardt« (F. Zündel). Zwischen Gottliebin Dittus und ihrem großen Seelsorger war es nicht zur Lösung der notwendig in der Seelsorge entstehenden Bindungen gekommen. Im stillen gefiel sich Blumhardt dabei, in seiner Rolle als »großer Seelsorger« von Gottliebin geliebt zu werden und, was er sich vermutlich nie eingestand, diese zu lieben. Von St. Martin ist ein Gebet bekannt: »Herr, behüte alle, die mich lieb haben, vor mir selber.«

Wenn es einem Seelsorger nicht gelingt, sich im richtigen Augenblick von dem bei ihm Hilfesuchenden zu lösen, setzt er sein eigenes Familien- und Eheleben aufs Spiel. »Wir können eben unser Haus nicht mit Patienten füllen. Solche guten Taten des Hausvaters werden öfter zu einer Buße für die Hausfrau« (V. von Weizsäcker).

Die Grenze des Mitlebens kann nicht dadurch überwunden werden, daß der Seelsorger eine private Lebensgemeinschaft mit denen bildet, die bei ihm Hilfe suchen. So bleibt nur ein Weg: das Erleben der kontinuierlichen Gemeinschaft im Gottesdienst der Christen. Gemeinschaft (griechisch: *koinōnia*) ist einer der Begriffe, mit denen die Wesenszüge des Gottesdienstes gekennzeichnet werden. Die vier Grundbestandteile, die den urchristlichen Gottesdienst charakterisieren, sind das treue Sich-Beschäftigen mit der Lehre der Apostel, das Festhalten an der Gemeinschaft *(koinōnia)*, am Brotbrechen und am Gebet (Apg 2,42). Der Begriff Gemeinschaft *(koinōnia)* bedeutet immer »Teilhabe an etwas«

(H. Seesemann). Im Blick auf den christlichen Gottesdienst verbirgt sich hinter dem »etwas« ein zweifaches:

- *Gemeinschaft* ist das Verhältnis all derer, die zum Beispiel an einer Mahlzeit teilnehmen. Es ist die Querverbindung der Menschen untereinander.

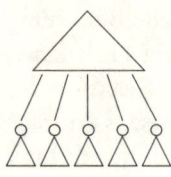

- *Gemeinschaft* umfaßt aber auch die Verbindung zwischen Irdischem und Himmlischem, zwischen oben und unten, zwischen Gott und den Menschen, das heißt die Vertikalverbindung.

Die Quer- und die Vertikalverbindung zusammen kennzeichnet das Erleben der Christen untereinander. So schreibt Johannes: »... verkündigen wir auch euch, damit auch ihr mit uns Gemeinschaft habt; und unsere Gemeinschaft ist mit dem Vater und mit seinem Sohn Jesus Christus« (1. Joh 1,3).

Der den Gottesdienst beschreibende Begriff »*koinōnia*« ist

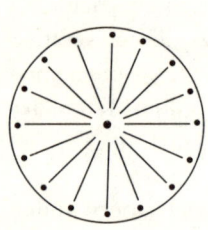

am besten mit Hilfe des Bildes eines Kreises zu beschreiben. Sichtbar ist in der Regel nur die Linie des Kreises. Er besteht aus lauter einzelnen Punkten, die ein geschlossenes Ganzes bilden. Die Kreislinie selbst aber kommt nur zustande durch den unsichtbaren und doch alles bestimmenden Mittelpunkt. Der Kreis wird mit einem Zirkel geschlagen, der in der Mitte seinen festen Punkt hat. Das erste ist also der Mittelpunkt. Das Verhältnis zu ihm ordnet die Punkte an der Peripherie und schafft ein notwendiges Verhältnis zueinander. Jeder Punkt auf der Kreislinie ist gleich weit vom Mittelpunkt entfernt.

Für den christlichen Gottesdienst heißt dies: »Die Gemeinschaft mit und um Christus ist konstitutiv für die Querverbindungen zum Bruder. Über den Christus geht der Weg zum Bruder und wird die Gemeinde« (W. Hahn).

Durch die Eingliederung eines in Not geratenen Menschen in eine gottesdienstfeiernde Gemeinde bekommt dieser einen Ort, in dem er einen festen Stand hat. In der Mitteilung seiner Not ist er dabei nicht auf die Querverbindungen allein angewiesen. Er hat vielmehr einen Halt in Christus und so einen völlig neuen Stand, aus dem heraus er in die Querverbindung zu denen tritt, die mit ihm Gottesdienst feiern.

Das ständige Erleben der doppelten Gemeinschaft im Gottesdienst stellt den in Not Geratenen auf *eine* Ebene mit allen anderen und schafft Gemeinschaft im Sinne von Kontinuität und bleibender Verbundenheit.

5. Das Einfühlen

Grundvoraussetzung der *Beratenden Seelsorge* ist die »einfühlende Begegnung mit dem leidenden Nächsten« (H. Tacke). Diese konsequent partnerzentrierte Grundeinstellung wird mit dem Fachausdruck »Empathie« umschrieben. Empathie wird in den einzelnen Seelsorgeschulen verschieden gedeutet. H. S. Sullivan übersetzt Empathie mit »Einsfühlung«, wie sie in der Mutter-Kind-Beziehung gegeben ist. Emotionen in der Mutter strahlen auf das Kind aus, ohne daß man genau sagen kann, wie dies geschieht. C. R. Rogers versteht unter Empathie, »daß der Therapeut die private Welt des Klienten verspürt, als wäre sie die eigene, ohne jedoch je diese ›Als-ob‹-Qualität außer acht zu lassen« (R. Bärenz).

Wenn sich ein Seelsorger »empathisch« seinem Gesprächspartner zuwendet, wird er zuerst mit Wunden konfrontiert, die sein Mitleid hervorrufen. Er steht in Gefahr, sich der »Wunde des Mitleides zuzuwenden, aber am wesentlichen Leben und Bedürfen des Mitmenschen vorüberzugehen« (H. Tacke).

Die Grenze oder Begrenztheit der Hilfe kann anhand einer von Martin Buber überlieferten chassidischen Erzählung verdeutlicht werden. Sie handelt von einem Gerechten, einem Zaddik, der, wenn ein Armer sein Mitleid erregte, diesen zunächst mit aller

Notdurft versorgte. Erst dann aber, wenn er in sich verspürte, daß die Wunde des Mitleids verheilt war, versenkte er sich mit großer, ruhevoll hingebender Liebe in das Leben und Bedürfen des anderen. Er faßte es in sich als sein eigenes Leben und Bedürfen und begann so, in Wahrheit zu helfen. Der Gerechte (der Zaddik) war sich bewußt, daß Mitleid allein noch keine Hilfe ist.

Der Seelsorger gerät an die Grenze seiner Aufgabe, wenn er sich nur aus Mitleid mit den Störungen und Einbußen des Lebens befaßt. Die Gefahr dieser Begrenzung ist immer dann gegeben, wenn der Seelsorger den Hilfesuchenden nur als leidendes Gegenüber, nicht aber »in seiner von Gott entfremdeten Geschöpflichkeit« sieht (M. Seitz). Wer sich ausschließlich den Wunden des in Not Geratenen zuwendet, bleibt an der Peripherie. Er beschäftigt sich nur mit den Symptomen und dringt nicht bis zum Kern vor.

Jeder Mensch gehört, da er an der Unheilsgeschichte der ganzen Menschheit teilhat, zu den Gottentfremdeten, das heißt in der Sprache der Bibel: zu den Sündern. »Wirkliche Seelsorge hat es immer mit Sünde und Gnade zu tun« (E. Steinwand). Der Mensch, der vor die Wirklichkeit Gottes gestellt wird, erkennt seine hoffnungslose Verlorenheit. Kommunikation, auf die jeder Mensch angewiesen ist, ruht zutiefst auf der Erfahrung der Sündenvergebung. »Die Sündenvergebung schafft den Menschen neu, er tritt in ein neues Verhältnis zu Gott und den Mitmenschen« (K. Kertelge).

Vergebung der Schuld ist eines der zentralen Themen des christlichen Gottesdienstes. Das erste Gebet im Gottesdienst, das sogenannte Rüstgebet, enthält ein Bekenntnis der Schuld und die Bitte um Vergebung. In ihm heißt es: »Da wir hier versammelt sind, um miteinander Gottes Wort zu hören, ihn im Gebet und Loblied anzurufen, so laßt uns zuvor bekennen, daß wir gesündigt haben in Gedanken, Worten und Werken, auch aus eigener Kraft uns von unserem sündigen Wesen nicht erlösen können. Darum nehmen wir Zuflucht zu der grundlosen Barmherzigkeit Gottes, unseres himmlischen Vaters, begehren Gnade um Christi willen und sprechen: Gott, sei mir Sünder gnädig.«

Vor dem Empfang des Heiligen Abendmahls in der sogenannten Allgemeinen Beichte hat das Beichtgebet aus Luthers kleinem Katechismus seinen Ort.

»Allmächtiger Gott, barmherziger Vater,
ich armer, elender, sündiger Mensch bekenne dir alle meine Sünde
    und Missetat,
die ich begangen mit Gedanken, Worten und Werken,
womit ich dich jemals erzürnt
und deine Strafe zeitlich und ewiglich verdient habe.
Sie sind mir aber alle herzlich leid und reuen mich sehr,
und ich bitte dich um deiner grundlosen Barmherzigkeit und um des
    unschuldigen bitteren Leidens und Sterbens deines lieben
    Sohnes Jesus Christus willen,
du wollest mir armem sündhaften Menschen gnädig und barmherzig
    sein,
mir alle meine Sünden vergeben
und zu meiner Besserung deines Geistes Kraft verleihen. Amen.«

Rüst- und Beichtgebet werden von all denen, die den Menschen nicht als einen von Gott Entfremdeten sehen, verständnislos zurückgewiesen. Für sie macht ein solches Bekenntnis den Menschen klein und lebensunfähig. Für jeden aber, der sich vor Gott als Sünder und vor den Menschen als schuldig geworden erkennt, ist das Beichtgebet der Beginn eines Neuanfangs.

Nach der Einzel- oder aber innerhalb eines Gottesdienstes der Stillen Beichte hört der, der seine Schuld bekannt hat, den Zuspruch: »Dir ist die Schuld, die du bekannt und bereut hast, vergeben im Namen des Vaters und des Sohnes und des Heiligen Geistes.« In der Beichte, ob im Einzelgespräch oder im Gottesdienst, erweist sich, daß die Seelsorge im Zeichen des Wortes steht:

»Siehe, ich lege euch heute vor den Segen und den Fluch: den Segen, wenn ihr gehorcht den Geboten des Herrn, eures Gottes...
den Fluch aber, wenn ihr nicht gehorchen werdet den Geboten des Herrn, eures Gottes...« (5. MOSE 11,26–28).

»Seelsorge muß entweder vernichten oder retten. Ihre Absicht ist die Rettung. Sie kann aber nicht hindern, daß derjenige der Vernichtung verfällt, der sich nicht retten läßt« (E. Steinwand).

6. Problemlösung aus eigener Kraft

Ziel der *Beratenden Seelsorge* ist es, »nicht dem anderen eine Schwierigkeit abzunehmen, sondern ihm zu helfen, eben diese Schwierigkeit selbst zu meistern« (H. J. Thilo). Der Hilfesuchende wird angeregt zur eigenständigen Lösung seines Problems über den Weg der sogenannten »Selbstexploration«, das heißt, dem in Not Geratenen werden ausschließlich Hilfen angeboten, sich selbst und die Situation, in die er geraten ist, zu verstehen. Das »Verstehen seiner selbst«, so nimmt C. Rogers an, soll es dann dem Betroffenen ermöglichen, »positive Schritte im Lichte seiner neuen Orientierung zu tun«. Die Mithilfe der sogenannten »Berater« besteht darin, dem, der keinen Weg mehr sieht, zur Selbsterkenntnis zu verhelfen und diese nicht dazu zu verwenden, ständig um sich zu kreisen, »sondern um von hier aus die Freiheit zu gewinnen, aus seinen Wiederholungszwängen herauszukommen, um überhaupt erst recht zu leben« (H. J. Thilo).

Die Grenzen einer solchen Problemlösung aus eigener Kraft zeigt Viktor Frankl auf. Er erklärt die Notwendigkeit des Menschen, über sich und die Erkenntnis seiner selbst hinauszugelangen, mit einem Beispiel aus dem Alten Testament: »Während der Wanderung Israels durch die Wüste schritt Gott in Form einer Wolke seinem Volk voran – und es mag nicht abwegig sein, diesen Bericht so zu deuten, daß wir sagen: der (letzte) Sinn (der Übersinn, wie ich es zu formulieren pflege) schritt dem Sein voran, auf daß letzteres ersterem folge, auf daß ersterer letzteren mit sich reiße. Fragen wir uns aber einmal, was denn geschehen wäre, wenn Gottes Herrlichkeit nicht Israel vorangeschritten wäre, vielmehr inmitten dieses Volkes geweilt hätte – es liegt auf der Hand, was geschehen wäre: die Wolke wäre nimmermehr imstande gewesen, Israel durch die Wüste zu geleiten und ans Ziel, an seinen

Bestimmungsort zu bringen, sondern die Wolke hätte alles eingenebelt, niemand hätte sich zurechtgefunden, und Israel wäre irregegangen.«

Nach Viktor Frankl kommt der Mensch nur zu sich selbst, indem er über sich hinausgelangt. »Nur Existenz, die sich selbst transzendiert, kann sich selbst verwirklichen« (V. Frankl). Viktor Frankl geht im Unterschied zu Freud und Jung davon aus, daß der Mensch mit der Kraft des freien Willens ausgestattet und zur Gewissensentscheidung aufgerufen werden kann. Er zeigt, daß der Mensch auch seine geistige Existenz und den Sinn seines Daseins verdrängen und sich somit in seiner letzten radikalen Lebensentscheidung verfehlen kann.

Inhaltlich kommt Viktor Frankl und die von ihm gegründete Logotherapie dem Seelsorgegespräch als Glaubensgespräch sehr nahe. Für den Seelsorger kommt es jedoch entscheidend darauf an, »vor wem und wofür der Mensch verantwortlich ist« (R. Bärenz). Durch den Prozeß der Selbsterkenntnis und Selbsterfahrung, das heißt in der »peinvollen Begegnung mit seinem Schatten« (H. Elsässer), ist der Mensch nicht schon in der Lage, seine Probleme zu lösen. Die Problemlösung aus eigenen Kräften ist nichts anderes als »eine Überschätzung der menschlichen Fähigkeit zu letztgültiger Selbstvollendung« (Th. C. Oden). Es gibt keine Rettung ohne den Retter Jesus Christus. Der Mensch kann sich nicht selbst retten, er braucht einen Retter.

Mit der völlig außerhalb seines Selbst liegenden Rettungstat Jesu wird der Mensch nirgends so direkt konfrontiert wie beim Empfang des Heiligen Abendmahls. Das Heilige Abendmahl nennt Dietrich Bonhoeffer eine »Freistatt des Friedens mitten in Versuchung, Leiden und Kampf«. Er sagt vom Heiligen Mahl: »Hier ist Sieg und Friede. Nicht wir haben ihn erfochten. Gott selbst hat es getan durch Jesus Christus. Sein ist die Gerechtigkeit. Sein ist das Leben, sein ist der Friede. Wir sind in der Unruhe, und bei Gott ist Ruhe. Wir sind im Streit, bei Gott ist Sieg.« Das Heilige Mahl ist das Vermächtnis Jesu. Das Neue Testament berichtet an fünf Stellen ausführlich von dem Geheimnis des Heiligen Abendmahls. Viermal sind die Einsetzungsberichte überliefert

(Mt 26,26–29; Mk 14,22–25; Lk 22,15–20; 1. Kor 11,23–25). Die große Aufhellung des Geheimnisses gibt Johannes (Joh 6,48–59).

Den neutestamentlichen Berichten folgend, ist das Heilige Abendmahl durchaus ein Brudermahl. Jesus setzte das Abendmahl ein im Vollzug der Feier des jüdischen Passafestes. Bis heute macht das Passafest jedes Jahr neu das Wunder des Auszuges Israels aus Ägypten gegenwärtig. Es wird begangen als Bruder-, Familien- und Erinnerungsfest. Das Passa ist das jüdische Ostermahl.

Im Blick auf das Heilige Abendmahl sagt Paulus: »Denn auch wir haben ein Passalamm, das ist Christus, der geopfert ist« (1. Kor 5,7). Das Heilige Abendmahl ist das neutestamentliche Ostermahl, das heißt das Messias- und Herrenmahl. Das das Abendmahl vom jüdischen Passafest Unterscheidende ist Jesus Christus. Er ist gegenwärtig »in, mit und unter Brot und Wein« (M. Luther). Romano Guardini spricht im Blick auf das Abendmahl von dem »Mittengeheimnis«. Beim Heiligen Abendmahl ist der Mensch der Empfangende. Er hat nichts zu leisten und nichts zu bringen. Er wird beim Heiligen Mahl, wie es die katholische Kirche sagt, mit dem Nötigsten »versehen«.[19]

Seelsorge als Lebens- und Glaubenshilfe hat Seelsorger zur Voraussetzung, die persönliche Qualitäten mitbringen. Der katholische Theologe Reinhold Bärenz zählt notwendige Bedingungen auf und gliedert sie in geistliche Grundbedingungen und menschlich-psychologische Voraussetzungen. Im folgenden sollen auszugsweise je vier der von Bärenz aufgestellten Thesen zitiert werden. Es sind Kernsätze, die mit kleinen, konfessionsbedingten Abwandlungen Anforderungen an Seelsorger aller Konfessionen, Kirchen und Freikirchen enthalten.

---

[19] Zur Deutung des Hl. Abendmahls von Ignatius von Antiochien und Gregor von Nazianz siehe unten: »Glaube und das Geschenk der Zeit«, S. 63 + 64.

Geistliche Grundbedingungen

▶ Eine lebendige Beziehung zu Gott, die durch einen personalen und dynamischen Glauben gekennzeichnet ist.

▶ Die Überzeugung von der »Lebens-not-wendigkeit« der Botschaft Jesu und daraus resultierend ein persönliches Verhältnis zu Jesus Christus.

▶ Das Bewußtsein der eigenen Schwachheit und Erlösungsbedürftigkeit durch Gott in Jesus Christus und entsprechende Vergebungsbereitschaft und Brüderlichkeit.

▶ Die Fähigkeit, das Leben im Licht des Evangeliums zu deuten sowie die eigene Grundsituation anzunehmen und aus der Kraft der Sakramente zu gestalten.

Menschlich-psychologische Voraussetzungen

▶ Die Fähigkeit zur Kommunikation, wie sie sich in der Beherrschung von Takt, Kontakt und Distanz manifestiert.

▶ Das Ernstnehmen von »ausgefallenen« Lebenssituationen und Existenzweisen sowie das Wissen um die Komplexität von Ursachen, Motiven und Zielwerten menschlichen Handelns.

▶ Das Geschick, verwickelte Situationen aufzuhellen, den Brennpunkt einer Frage bzw. den »Focus« (Herd) eines Konflikts aufzuspüren sowie mögliche Entwicklungen abzuschätzen.

▶ Die Fähigkeit, grundlegende Abwehrmechanismen zu durchschauen, ohne der Gefahr eines Diagnostizismus zu verfallen.

IV. Praxis der Seelsorge

Es ist der Tod der Seelsorge, wenn sich der Seelsorger stur nach einem oder verschiedenen Modellen richtet oder aber völlig in einer Methode befangen bleibt.

In jedem seelsorgerlichen Gespräch geht es jeweils um einen lebendigen Menschen mit einer unvergleichlichen und einmaligen Not. Dennoch gibt es Hilfen, deren sich ein Seelsorger bedienen kann. Er sollte dabei mit offenen Karten spielen und dem bei ihm Hilfesuchenden Einblick in sein Vorgehen geben. Er kann dies tun, indem er dem in Not Geratenen die Komplexität seiner Situation anhand von Skizzen erklärt, die zum Beispiel die Störungen der Beziehungen, die Verunsicherungen in Zeiten der Krankheit oder die Krisen in Liebe und Ehe verdeutlichen. Entscheidend dabei ist, daß das Gespräch überhaupt zustande kommt.

1. Verpaßte Chance

Das seelsorgerliche Gespräch ist keine Entdeckung des 20. Jahrhunderts. Seelsorgerliche Gespräche gibt es, seit Jesus einzelne Menschen in ihrer Bedürftigkeit ansprach (Maria von Betanien, die Samariterin, Maria von Magdala, Zachäus, Nikodemus oder Petrus). Bedingt dadurch, daß seit Jesu Himmelfahrt Menschen in Jesu Nachfolge die Gesprächsführung übernommen haben, gibt es Fehler und verpaßte Chancen. Zahlreiche Gespräche waren schon zu Ende, bevor sie überhaupt begonnen haben. Als Beispiel dafür soll die Schilderung eines »Gespräches« zwischen Madame Bovary und dem Pfarrer in Gustave Flauberts Roman »Madame Bovary« stehen. Die Begegnung mit ihrem Pfarrer ist eine Etappe auf dem Weg der Madame Bovary. Sie befindet sich in einer großen Krise ihrer Ehe, findet bei niemandem Verständnis, flüchtet in eine Scheinwelt und begeht schließlich Selbstmord. Der Pfarrer, der diesen Weg hätte aufhalten können, ist so beschäftigt, daß er überhaupt nicht in der Lage war, der Frau zuzuhören. Das Gespräch war zu Ende, bevor es begonnen hatte.

Der Text:

»Wie geht es Ihnen?« fragte er dann.
»Schlecht«, antwortete sie. »Ich fühle mich gar nicht wohl.«
»Je nun, ich auch nicht«, versetzte der Geistliche. »Diese ersten warmen Tage machen einen erstaunlich schlapp, nicht wahr? Aber was kann man schon dagegen tun? Wir sind zum Leiden geboren, wie der heilige Paulus sagt. Doch was meint Herr Bovary dazu?«
»Ach, der!« erwiderte sie mit einem verächtlichen Achselzucken.
»Wie?« fragte der alte Herr ganz erstaunt. »Verordnet er Ihnen denn nicht etwas?«
»Ach«, sagte Emma, »was ich brauche, sind nicht irdische Heilmittel.«
Aber der Pfarrer warf von Zeit zu Zeit einen Blick ins Innere der Kirche, wo alle die Knaben sich hingekniet hatten und nun einander mit den Schultern stießen und übereinander fielen.
»Ich möchte gern wissen...«, fuhr sie fort.
»Warte nur! Warte nur, Riboudet!« schrie der Priester mit zorniger Stimme. »Ich will dir gleich eins hinter die Ohren geben, du nichtsnutziger Schlingel!«
Dann wandte er sich an Emma und sagte: »Er ist der Sohn des Zimmermanns Boudet. Seine Eltern sind wohlhabende Leute und lassen ihm alles durchgehen. Dabei könnte er mühelos lernen, wenn er nur wollte, denn er hat Grips. Ich sage manchmal zum Spaß Riboudet zu ihm – so heißt ja der Hügel, über den der Weg nach Maromme führt. Letzthin habe ich es dem hochwürdigen Herrn Bischof erzählt, und er hat darüber gelacht ... er hat darüber zu lachen geruht. – Und wie geht es Herrn Bovary?«
Sie überhörte seine Frage. Er fuhr fort: »Wohl immer sehr beschäftigt? Denn wir beide sind bestimmt im ganzen Kirchspiel die zwei Menschen, die am meisten zu tun haben. Er jedoch ist der Arzt für die Gebrechen des Leibes«, setzte er mit behäbigem Lachen hinzu, »und ich heile die Leiden der Seele.«
Sie schaute ihn mit hilfeflehenden Augen an.

»Ja«, sagte sie, »Sie lindern alle Nöte.«

»Oh, wo denken Sie hin, Madame Bovary?! Erst heute früh mußte ich ins Bas-Diauville wegen einer blähsüchtigen Kuh. Die Leute glaubten, sie sei verhext. Alle ihre Kühe, ich weiß nicht wieso... Oh, Verzeihung! Longuemarre und Boudet! Potz Element! Wollt Ihr wohl aufhören?«

Und mit einem Satz war er in der Kirche.

Die Buben waren außer Rand und Band. Sie umlagerten in einem wirren Knäuel das große Meßpult, kletterten auf den Schemel des Vorsängers, schlugen das Missale auf, ja, ein paar erfrechten sich sogar, sich auf leisen Sohlen in den Beichtstuhl einzuschleichen. Doch der Pfarrer fuhr wie der Blitz dazwischen und teilte links und rechts einen wahren Hagel an Ohrfeigen aus. Er packte die Missetäter am Kragen, hob sie hoch und setzte sie so unsanft auf beide Knie wieder auf die Steinfliesen des Chors, als hätte er sie einrammen wollen.

»Wissen Sie«, sagte er zu Emma, als er zu ihr zurückgekehrt war, »die Landwirte können einem schon leid tun!« Dann entfaltete er sein großes baumwollenes Taschentuch und nahm einen Zipfel zwischen die Zähne.

»Andere auch«, antwortete sie.

»Natürlich! Zum Beispiel die Arbeiter in den Städten.«

»Die meine ich nicht...«

»Na, erlauben Sie! Ich habe da unvorstellbar arme Hausmütter kennengelernt, tugendhafte Frauen, das können Sie mir glauben, wahre Heilige, die hatten nicht einmal das tägliche Brot.«

»Aber die Frauen«, entgegnete Emma – und während sie sprach, zuckten ihre Mundwinkel schmerzlich –, »die Frauen, Herr Pfarrer, die zwar ihr täglich Brot haben, aber...«

»Keine warme Stube im Winter«, ergänzte der Priester.

»Oh, was macht das schon aus?«

»Wie? Was das schon ausmacht? Mir scheint doch, wenn man eine warme Stube und genügend zu essen hat... Denn schließlich...«

»Mein Gott! Mein Gott!« seufzte sie.

»Fühlen Sie sich nicht wohl?« fragte er besorgt und trat

näher. »Wahrscheinlich der Magen? Sie müssen nach Hause gehen, Madame Bovary, ein bißchen Tee trinken, das wird Sie stärken, oder ein Glas kühles Zuckerwasser.«

»Warum?«

Sie sah aus, als erwachte sie aus einem Traum.

»Sie fuhren sich eben mit der Hand über die Stirn, und da habe ich geglaubt, es sei Ihnen schwindlig geworden.« Dann fiel ihm wieder ein: »Ach ja, Sie wollten mich etwas fragen. Was war es nur? Ich weiß es nicht mehr.«

»Ich? Nichts ... nichts ...«, stammelte Emma.

Ihr Blick, der rings umhergewandert war, senkte sich langsam auf den alten Mann in der Soutane. Sie standen beide einander wortlos gegenüber und sahen sich abwartend an.

»Alsdann, Madame Bovary«, sagte er schließlich, »entschuldigen Sie bitte, aber die Pflicht – Sie wissen ja – geht allem vor. Ich muß meine Rangen abfertigen. Die Erstkommunionen stehen vor der Tür. Wir werden auch diesmal zu spät dran sein, fürchte ich. Darum behalte ich sie vom Himmelfahrtstag an recta jeden Mittwoch eine Stunde länger hier. Die lieben Kinder! Man kann sie nicht früh genug auf den Weg des Herrn führen, wie Er es uns übrigens auch Höchstselbst durch den Mund Seines göttlichen Sohnes aufs Herz gebunden hat ... Gute Besserung, Madame, und meine Empfehlung an Ihren Herrn Gemahl.«

Er betrat die Kirche und beugte sich unter der Tür das Knie.

Emma sah ihn zwischen den beiden Bankreihen verschwinden. Er ging schwerfälligen Schrittes, den Kopf leicht auf die Schulter geneigt und beide Hände nach außen gekehrt und halb offen.

Dann drehte sie sich auf den Absätzen um, mit einem einzigen Schwung wie ein Standbild auf einem Drehzapfen, und schlug den Weg nach Hause ein. Aber noch lange hörte sie die tiefe Stimme des Pfarrers und die hellen Knabenstimmen hinter sich:

»Bist du ein Christ?«

»Ja, ich bin ein Christ.«

»Wer ist ein Christ?«

»Wer getauft ist ... getauft ... getauft ...«

Sie konnte sich nur mühsam die Treppe hinaufschleppen und mußte sich am Geländer festhalten. Als sie in ihrem Zimmer war, ließ sie sich in einen Lehnstuhl fallen.

2. Beziehungsstörungen

Christliche Seelsorge wendet sich an den ganzen Menschen. »Vom ganzen Menschen reden heute alle, gesehen wird er nur von einigen« (M. Seitz). Allein der Seelsorger hat den ganzen Menschen im Blick, der den Menschen in seiner vierfachen Bezogenheit sieht.

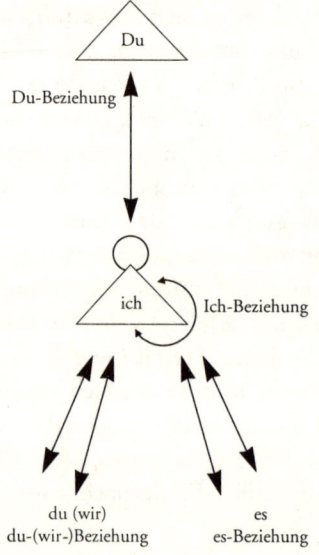

▶ Der Mensch steht in einer Beziehung zum großen Du, zu seinem Schöpfer.

▶ Der Mensch ist sich selbst zugeordnet. »Das Ich muß sich auch zum Ich verhalten« (M. Seitz).

▶ Der Mensch ist dem Mitmenschen, dem einzelnen (= du) oder aber einer Gruppe (= wir) zugesellt.

▶ Der Mensch steht in einer Beziehung zur Sachwelt (= es). Er ist dazu beauftragt, die Welt der Dinge zu ordnen und zu verwalten.

In jedem der vier Bezugsfelder kann ein Mensch auf der sogenannten »Nullsituation« anlangen.

▶ *Die Ich-Du-Nullsituation*
Ein Mensch kann in die Situation kommen, nicht mehr beten zu können. Er kann an Gott irre werden, ja Gott absagen. Er kann sich entscheiden zu einem Leben, als ob es Gott nicht gäbe. Er weiß sich von Gott nicht mehr geborgen und meint, ihm auch nicht mehr verantwortlich zu sein.

▶ *Die Ich-Ich-Nullsituation*
Mangelnde Anerkennung und Bestätigung, Mißerfolge, Scheitern im Beruf und in der Ehe können im Menschen eine Selbstwertkrise auslösen. Mangelndes Selbstvertrauen, Minderwertigkeitskomplexe, Verachtung seiner selbst sind mögliche Folgen.

▶ *Ich-du-(wir-)Nullsituation*
Mitmenschliche Beziehungen zerbrechen, zum Beispiel die Beziehung zum Ehepartner, zu den Kindern, zu Verwandten, zu Freunden, Nachbarn, Kollegen und Vorgesetzten. Der Mensch vereinsamt.

▶ *Ich-es-Nullsituation*
Es gibt Situationen, in denen alles mißlingt bzw. unter den Händen zerrinnt. Ein Bankrott stellt den Menschen vor ein Nichts. Verschuldungen nehmen ihm jede Freude. In seiner Umwelt ist für ihn nichts mehr wertvoll oder erstrebenswert.

3. Gespräch mit einem Kranken

Krankheit erlebt der Mensch als »tiefgreifende Krise seiner selbst« (W. Jacob), als »Verlust der Identität von Person und Leib« (U. Eibach). Der Begriff Identität ist kein biblischer. Er ist sehr jung und kann übertragen werden als »das Wissen um sich selbst (Selbstbewußtsein), und zwar von seiner Existenz her« (G. Langemeyer). Erik Erikson prägte den übergeordneten Begriff der »Ich-Identität«, der auf den beiden Säulen der »sozialen« und der persönlichen Identität fußt. Behält man den ganzen Menschen im Blick, so steht das »Haus«, das Ich-Identität genannt werden kann, noch auf einem dritten Pfeiler, nämlich auf dem der »religiösen Identität« (K. Seybold).

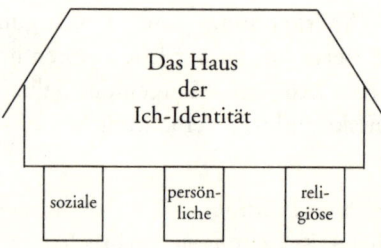

▶ Die *soziale* Identität bezieht sich auf die Rollen, die ein Mensch in verschiedenen Rollensystemen einnimmt, zum Beispiel Status, Familie, Lebenskreis.

▶ *Persönliche* Identität meint die Unverwechselbarkeit des Menschen, zum Beispiel seinen Namen, sein Wohlbefinden, seine Ehre, sein Leben.

▶ *Religiöse* Identität ist immer dann gewährleistet, wenn der Mensch in einem intakten Verhältnis zu Gott lebt.

Im Falle einer Krankheit ist der Mensch aus seinem sozialen Umfeld herausgerissen. Der Pfeiler der sozialen Identität gerät ins Wanken. Sein Wohlbefinden schwindet. Im Krankenhaus wird er oft ein Namenloser (= Krise der persönlichen Identität). Er stellt die Frage nach dem Warum und Wozu oder die Frage: »Gott, warum gerade ich?« So kommt es in seiner religiösen Identität zu einer Krise. Der Kranke kann noch durchhalten, solange mindestens einer der Pfeiler nicht ins Wanken gerät. Die Schlüsselfrage, die auf eine Identitätskrise schließen läßt, lautet: »Wer bin ich?« Im Gefängnis in Tegel beantwortet sich Dietrich Bonhoeffer diese Frage in einem mehrstrophigen Gedicht, das verkürzt so lautet:

> Bin ich das wirklich, was andere von mir sagen?
> Oder bin ich das, was ich selbst von mir weiß?
> Wer bin ich? Einsames Fragen treibt mit mir Spott.
> Wer ich auch bin, Du kennst mich,
> Dein bin ich, o Gott.

Bonhoeffer fragt sich, ob er wirklich der ist, wie er anderen erscheint (Zweifel an der sozialen Identität)! Er droht daran zu verzweifeln, wie er sich selbst erlebt (persönliche Identität)! Er wird gehalten und geborgen in dem Wissen: »Dein bin ich, o Gott« (religiöse Identität)!

4. Krise in Liebe und Ehe

Für eine harmonische Ehe gibt es drei goldene Regeln:

▶ *miteinander reden* ▶ *miteinander reden* ▶ *miteinander reden*.

Diese Regeln gelten für Verliebte, Verlobte und für Ehepartner ein ganzes Leben lang. Am Beginn einer Ehekrise steht in der Regel das Stumm- und Sprachloswerden, das bei jeder Meinungsverschiedenheit umschlagen kann in zum Teil lautstarkes, sich gegenseitiges Beschuldigen.

Das Miteinander-Reden umfaßt alle vier Bezugsfelder einer Ehe. Wo eine der Beziehungen unter- oder überbewertet wird, kommt es immer zur Beeinträchtigung der anderen, und das ganze Gefüge gerät durcheinander.

Herkunft und Gewordensein	*Geistiges und soziales Beziehungsfeld*
Erotik und Sexualität	*Glaube und praxis pietatis*

▶ *Herkunft und Gewordensein*
Jeder der beiden Ehepartner kommt aus einem Elternhaus eigener Prägung mit einem mehr oder weniger einflußreichen Umfeld der Verwandtschaft. Jeder der beiden lebt in der Regel zwei Jahrzehnte allein. Sein Leben ist geprägt durch seine Erziehung und zum Teil durch folgenreiche Fehlentwicklungen oder Eingriffe in der Zeit der Pubertät. In der Ehe sollen nun zwei nebeneinander herlaufende Linien eine Einheit werden.

Das gemeinsame Aufarbeiten (biographische Anamnese) ist eine spezifische Form, den anderen anzunehmen.

▶ *Geistiges und soziales Beziehungsfeld*
Hier geht es um Schulbildung, Ausbildung und Studium, um Interessen und Hobbies, um unterschiedliche Bewertung von Literatur, Kunst und Musik, um den Freundeskreis, gesellschaftliche Ereignisse, aber auch um den Umgang mit Geld und um die Erziehung der Kinder.

▶ *Erotik und Sexualität*
Eines des Hauptsymptome einer Ehekrise ist der Eros-Verfall. Zärtlichkeiten, Aufmerksamkeiten, alltägliche Erweise der Liebe werden weniger und hören auf. Die Sexualität wird reine Methode oder verebbt. Neurotische Züge oder Störungen belasten die eheliche Verbindung. Es kommt zum Treuebruch und nebenehelichen Verkehr.

▶ *Glaube und praxis pietatis*
Hier geht es nicht nur um die gleiche Konfession, sondern um den persönlichen Glauben und das Praktizieren des Glaubens, um die Stille des einzelnen, die Andacht in der Familie und das gemeinsame Gebet der Ehepartner, um die Stellung zur Gemeinde und zu ihren Aktivitäten, zur Mission und Diakonie, vor allem aber um den Empfang der Vergebung und um das Vergebenkönnen.

»Mit christlicher Seelsorge haben wir es nur dort zu tun, wo es über die vorletzte Rettung hinaus um die letzte Rettung, um das Hineinkommen in Gottes Reich, geht« (M. Seitz).

Die christliche Seelsorge hat den ganzen Menschen im Auge, das heißt nicht nur den Menschen in seiner Diesseitigkeit, sondern auch in seiner Beziehung zu Gott. In der seelsorgerlichen Praxis ist dem Seelsorger die Vertrautheit mit humanwissenschaftlichen Erkenntnissen eine entscheidende Hilfe. Er wird sich jedoch hüten vor jeder Art des *Methodenkultes,* des Instrumentalismus und der Rezeptologie.

Von einem Nichtgenannten stammen die folgenden Gedanken, die ihm beim Lesen von 1. Korinther 13 kamen. Er überschreibt sie: *Und wenn wir die besten Methoden hätten...*

...und wenn wir die interessantesten Gespräche führten,
wo jeder beteiligt ist,
wo etwas geschieht und vorwärts geht,
wo Probleme erkannt und Bedürfnisse geäußert werden,
wo man sich aufregt über Unrecht und Manipulation,

wo sich Konsequenzen ergeben und Veränderungen in die Wege
geleitet werden,
wenn wir solche Gespräche hätten, hätten aber die Liebe nicht, so
wäre das nichts!
...und wenn wir Führungskräfte hätten,
die sich bestens auskennen in Psychologie,
Gruppendynamik, Gemeinwesenarbeit, Gesprächsführung,
die genau wissen, wie eine Gruppe auf bestimmtes Provozieren
reagiert,
die so gezielt fragen können, daß dem anderen manches bewußt
wird,
die aufrütteln und zum Nachdenken bringen können,
die den Leuten ihre Situation bewußt machen können,
wenn wir also perfekte Leute hätten, hätten aber die Liebe nicht,
so wäre das nichts!
...und wenn wir noch so schöne Gottesdienste gestalteten
mit viel Vorbereitung und Organisation,
wenn keiner am Sonntag in der Kirche fehlte,
wenn wir sogar selbst predigten und viele religiöse Gespräche
führten, die uns wesentliche Erkenntnisse brächten,
wenn wir also beste religiöse Praxis hätten,
hätten aber die Liebe nicht, wäre das nichts!

Die Liebe
ist langsam im Urteilen und verurteilt nicht,
bejaht den anderen nicht nur um seiner Leistung willen,
will dem anderen das Beste,
kann auch andere Meinungen gelten lassen,
ist unendlich geduldig,
nörgelt nicht, wo es dem anderen nichts hilft,
kritisiert nicht hinter dem Rücken,
sagt, wo es sein muß, ein offenes Wort,
taktiert nicht um des eigenen Vorteils willen.
Die Liebe glaubt alles – hofft alles – und hört nie auf!

C. Grundsituationen des Glaubens

Seelsorge als Lebens- und Glaubenshilfe ist Beistehen in den Grundsituationen des Lebens und in den Grundsituationen des Glaubens.

Grundsituationen des Lebens sind »Lebenslagen, die von vornherein mit der menschlichen Existenz verbunden sind« (M. Seitz). Dazu zählen unter anderem Werden und Vergehen, Erkranken und Entscheiden, Lieben, Hassen, Leiden, Streiten, Sexualität, Ehe, das Alleinsein und das Alter.

Grundsituationen des Glaubens sind Höhepunkte und Erschütterungen, die notwendig zu der Existenz des Glaubenden gehören. Als Beispiele sind zu nennen: Bekehrung, Nachfolge, Stille, Gebet, Geborgenheit, Heilung, aber auch In-Schuld-Geraten, der Konflikt zwischen Glaube und Vernunft, Anfechtung, Scheitern, das Sich-Ängstigen und der Umgang mit der Zeit.

Beide Grundsituationen, die des Lebens und die des Glaubens, bedürfen nicht zuletzt für alle, die nicht oder noch nicht den Mut haben, um ein Einzelgespräch zu bitten, der seelsorgerlichen Behandlung in der Predigt. Im folgenden sind gezielt einige Beispiele ausgesucht, in denen es um die Erschütterung des Glaubens geht.

I. Glaube und Anfechtung

»Und Jesus ging weg von dort und zog sich zurück in die Gegend von Tyrus und Sidon.
Und siehe, eine kanaanäische Frau kam aus diesem Gebiet und schrie: ›Ach Herr, du Sohn Davids, erbarme dich meiner! Meine Tochter wird von einem bösen Geist übel geplagt.‹
Und er antwortete ihr kein Wort. Da traten seine Jünger zu ihm, baten ihn und sprachen: ›Laß sie doch gehen,[20] denn sie schreit uns nach.‹

---

[20] Es kann auch übersetzt werden: »Stell sie zufrieden.«

Er antwortete aber und sprach: ›Ich bin nur gesandt zu den verlorenen Schafen des Hauses Israel.‹

Sie aber kam und fiel vor ihm nieder und sprach: ›Herr, hilf mir!‹

Aber er antwortete und sprach: ›Es ist nicht recht, daß man den Kindern ihr Brot nehme und werfe es vor die Hunde.‹

Sie sprach: ›Ja, Herr; aber doch fressen die Hunde von den Brosamen, die vom Tisch ihrer Herren fallen.‹

Da antwortete Jesus und sprach zu ihr: ›Frau, dein Glaube ist groß. Dir geschehe, wie du willst!‹ Und ihre Tochter wurde gesund zu derselben Stunde.«

Der brasilianische Theologe Leonardo Boff erzählt aus seiner pastoralen Praxis: »...und die Frau, die ich seit Jahren kannte, rief mich beiseite und sagte in einem geheimnisvollen Ton: ›Herr Pfarrer, ich möchte Ihnen ein Geheimnis zeigen.

Kommen Sie!‹

Wir gingen in das Zimmer.

Im Bett ihr Kind. Behindert.

Der Kopf so groß wie der eines Erwachsenen.

Der Körper so klein wie der eines Säuglings.

Der Blick haftete an der Zimmerdecke.

Die Zunge streckte es heraus und zog sie wieder ein wie eine Schlange.

›Mein Gott!‹ rief ich und stöhnte.

›Herr Pfarrer‹, sagte die Frau, ›ich pflege meinen Jungen schon acht Jahre. Er kennt nur mich. Ich habe ihn sehr lieb. Fast niemand weiß von ihm.‹

Ungestüm sagte sie: ›Gott ist gut, Gott ist Vater...‹

Beruhigt sah sie nach oben:

›Dein Wille geschehe wie im Himmel so auf Erden.‹

Nur das sagte sie. Und sie sagte damit alles.

Ich ging, ohne ein Wort zu sagen. Betroffen, niedergeschlagen wegen des Jungen, beeindruckt wegen der Mutter.

Nur ein Wort kam mir in den Sinn: ›Frau, dein Glaube ist groß‹ (Mt 15,28).«

Acht Jahre lebte die namenlose Frau mit unerhörten Gebeten. Die Nichterhörung ihrer Bitte trieb sie aber nicht in die

Verzweiflung. Sie hielt unbeirrt an Gott fest. »Gott ist gut, Gott ist Vater«, sagte sie. »Dein Wille geschehe.«

Von einer namenlosen Frau handelt auch die Geschichte, die sich im nördlichsten Teil Galiläas ereignete. Jesus hatte sich dorthin – wie so manches Mal, um eine Atempause zu haben – zurückgezogen. Eine Frau, Markus nennt sie eine Syrophönizierin, war über die Grenze gekommen, um Jesus aufzusuchen. Zum Gebiet von Tyrus und Sidon wurde damals nicht nur der Küstenstreifen gerechnet, sondern das gesamte Landstück nördlich von Galiläa bis hinein in das Ostjordanland. Matthäus nennt die Namenlose eine kanaanäische Frau. Damit wird die Erinnerung wach an die jahrhundertelange Spannung und Auseinandersetzung zwischen dem von Gott erwählten Volk und dem palästinischen Heidentum. Die Frau, obwohl Heidin, hatte einen großen Glauben. Sie setzte alle ihre Hoffnung in Jesus. Dieser sprach ihr am Ende der Begegnung auch die erstaunlichen Worte zu: »Dein Glaube ist groß.« Was sich jedoch davor ereignete, ist nichts anderes als die Bewährung des Glaubens in der Tiefe der Anfechtung.

1. Glaube angesichts des Schweigens Gottes

Die Frau hatte alle ihre Hoffnung auf Jesus gesetzt. Sie betete zu ihm: »Kyrie eleison, Herr, erbarme dich.« Sie legte ein Bekenntnis des Glaubens ab: Du bist der Sohn Davids, der Messias! Sie trug ihm offen und unumwunden ihre Bitte vor. »Hilf meiner Tochter!« Ihr ganzes Auftreten war geprägt von einem einfältigen Zutrauen und einer tiefen Verehrung für Jesus, wie das nur selten im Neuen Testament von einem Menschen gesagt wird.

Und Jesus schweigt.

Das Schweigen Gottes ist die Anfechtung des Beters. Bereits David mußte diese Anfechtung erleben. Er betete: »Wenn ich rufe zu dir, Herr, mein Fels, so schweige doch nicht« (Ps 28,1). Von Asaf ist der Hilfeschrei überliefert: »Gott, schweige doch nicht! Gott, bleib nicht so still und ruhig!« (Ps 83,2). Das

Schweigen Gottes ist deshalb Anfechtung, das heißt tiefe Erschütterung des Glaubens, da das Hören Gottes soviel wie Rettung bedeutet, das Schweigen aber gleichzusetzen ist mit Verwerfung. Ein Beter, dessen Bitten nicht erhört werden, kann die Schlußfolgerung ziehen: Es gibt keinen Gott, oder: Ich gehöre zu denen, die Gott nicht interessieren, ich bin verworfen. Luther greift die Anfechtung, von Gott verworfen zu sein, in seiner Predigt über die Syrophönizierin auf und sagt: »Wer da meint, er sei verworfen vor Gott, der steht da, wo dies Weib steht.«

Wer jedoch diese Frau betrachtet, bemerkt: sie hört nicht auf zu beten. Sie betet weiter, obgleich eine Enttäuschung der anderen folgt. Ihre Gebete sind kurz: »Herr, erbarme dich mein! Kyrie eleison! Herr, hilf mir!«

»Je größer die Not, desto kürzer das Gebet« (H. J. Iwand). In der Anfechtung hört alles Plappern auf. Da wird nur noch geschrien: »Kyrie eleison! Herr, erbarme dich!« Die Worte jener Heidin aus dem Gebiet nördlich von Galiläa sind in die urchristliche Liturgie eingegangen. Sie sind bis heute eines der Hauptbestandteile des Gottesdienstes. Wenn Gott schweigt und ich zu keinen großen Gebeten mehr fähig bin, kann ich rufen: »Kyrie eleison! Herr, erbarme dich!«

Gott kann schweigen. – Er kann lange schweigen.

Am bedrückendsten war das Schweigen Gottes am Karfreitag. Heute wissen wir, daß das sein mußte. Was aber ging in denen vor, die es damals erlebten? Die meisten der Jünger flohen, die Frauen auf der Via Dolorosa weinten, und Maria und Johannes standen verzweifelt unterm Kreuz! Und Jesus, den in diesen Stunden das Schweigen Gottes am härtesten traf? Er betete Psalmworte! »Mein Gott, mein Gott, warum hast du mich verlassen?« (Ps 22,2). »In deine Hände befehle ich meinen Geist« (Ps 31,6).

Der Syrophönizierin bescheinigte Jesus einen großen Glauben. Groß war ihr Glaube deshalb, weil sie nicht aufgehört hatte zu beten. Wenn Gott schweigt, das heißt in der Stunde der Anfechtung, ist das Gebet das Atemholen des Glaubens. Wir wissen, sprechen und lehren viel über das Gebet, aber wir üben es selten und wenig. Es braucht nicht viel Worte. Oft genügt das »Kyrie eleison«. Entscheidend ist, daß wir es nicht aufgeben.

> Und ob es währt bis in die Nacht
> und wieder an den Morgen,
> doch soll mein Herz an Gottes Macht
> verzweifeln nicht noch sorgen.
>
> (M. LUTHER)

2. Glaube angesichts der Einsamkeit und des Nichtverstehens

Das Betteln der Frau und das Schweigen Jesu müssen lange gedauert haben. Selbst den Jüngern wird die Spannung unerträglich. Sie sagen nicht, wie es manche übersetzen: »Fertige sie ab!«, sondern sie setzen sich für die Frau ein: »Stelle sie zufrieden, denn sie schreit uns nach« (V. 23).

Da spricht Jesus sein *erstes Nein*. Er redet zu den Jüngern, was er aber sagt, gilt der Frau: »Ich weiß mich mit meinem Wirken an die Grenze Israels gebunden. Meine Sendung gilt den Verlorenen Israels.« Die Heidin hatte keinen Anspruch auf Hilfe. Die Frau aber läßt nicht locker. Sie geht nicht resigniert weg. Sie schüttelt nicht den Kopf. Sie versucht auch nicht, die Worte Jesu zu entkräften. Ihre Antwort besteht darin, daß sie sich niederwirft. Durch diese Haltung der Anbetung zeigt sie, daß sie weiß, mit wem sie es zu tun hat. Doch auch dadurch läßt Jesus sich nicht zur Hilfe bewegen. Er spricht vielmehr sein *zweites Nein:* »Es ist nicht recht, daß man den Kindern ihr Brot nehme und werfe es vor die Hunde« (V. 26).

Nachdem Jesus endlich sein Schweigen gebrochen hatte, kam für die Frau nicht die Hilfe, sondern eine weitere Phase der Anfechtung. Es sieht alles so aus, als ob Jesus ihr in keinem Fall helfen würde. Sie bleibt mit ihrem Leid allein. »Die Anfechtung isoliert den Menschen« (H. J. Iwand). Die Frau hatte alle ihre Hoffnung auf die Liebe Jesu gesetzt. Das doppelte Nein Jesu und der Vergleich mit den Hunden trieb sie in die totale Isolation.

Noch zweihundert Jahre nach dem Gespräch Jesu mit der Syrophönizierin bedeutet die Bezeichnung »Hund« soviel wie »Ausschluß, vollkommene Isolation«. Von Rabbi Jannai (um 225) ist ein Gespräch mit einem Gast an seinem Tisch überliefert. Es kommt zur Auseinandersetzung zwischen dem Gastgeber und dem Gast, so daß sich Rabbi Jannai zu den Worten hinreißen ließ: »Ein Hund hat das Brot Jannais gegessen.« Empört sprang der Gast auf und sagte: »Indem du mich Hund nennst, schließt du mich aus der Gemeinde Israels aus und bringst mich damit um mein Erbteil.«

Der Vergleich mit dem Hund bedeutet für die Syrophönizierin: »Ich bin ausgeschlossen, ich habe nichts zu erwarten.« Es wird nicht gesagt, wie die Frau diese eisige Isolation durchstand. Ein vorsichtiger Hinweis, der der Frau das Durchhalten ermöglichte, könnte ein kleines Wort aus dem Munde Jesu sein, das Markus in seinem Bericht von der Syrophönizierin festhielt: »Laß *zuvor* die Kinder satt werden« (Mk 7,27).

In diesem Wort steckt ein Funke Hoffnung. Es ist keine rigorose endgültige Zurückweisung, sondern besagt lediglich: »Du bist noch lange nicht an der Reihe! Du mußt noch warten!« Die ursprüngliche Erwartung, die die Frau in Jesus setzte, kommt zum Ausdruck in der Bezeichnung: »Herr, du Sohn Davids«. Sie erkennt Jesus als den Messias an. Sie sieht in Jesu Kommen das messianische Reich angebrochen. Sie rechnet damit, daß die Verheißungen der Propheten erfüllt sind. Gott ist auch ein Gott der Afrikaner, der Philister und der Aramäer (Am 9,7). Einmal werden alle Völker zum Gottesberg in Jerusalem pilgern (Jes 2,2 ff; Mi 4,1 ff). Der Gottesknecht wird auch für die Heiden dasein (Jes 42,1; 49,6). Auch die äußersten Ränder der geschaffenen Welt werden in das Heilshandeln Gottes einbezogen sein (Jes 42,4; 49,1; 51,5). Die Frau hält Jesus diese Verheißungen nicht vor. Sie zitiert nicht Worte der Schrift, um Jesus zum Handeln zu zwingen. – Sie bleibt einfach in der Nähe Jesu! Sie pokert nicht mit Schriftzitaten. Sie vertraut einfach auf Jesu Liebe und Barmherzigkeit.

Die Anfechtung in der Gestalt der Einsamkeit, der Isolation, wird allein im vertrauenden Warten durchstanden. Eines der von Johann Christoph Blumhardt in seiner Seelsorge geprägten Worte heißt »Aus-Warten«, das heißt warten, bis die Stunde Gottes gekommen ist. Wer entschlossen ist, dunkle Stunden durch Aus-Warten zu bewältigen, den bewahrt die Geduld vor Resignation. Gott läßt sich durch kein Aufbegehren, auch durch kein Pochen auf Verheißungen zwingen. Gott kann dem Menschen lange Stücke des Aus-Wartens zumuten. Gott bleibt in seinem Handeln immer der Freie.

Die Frau bleibt still in der Nähe Jesu. Voll Vertrauen hält sie daran fest, daß Jesus die Barmherzigkeit Gottes in die Welt gebracht hat und daß Gott keine Ausnahmen kennt. Ihr großer Glaube sieht die Welt, die Völker in der Perspektive der Liebe Gottes. Sie ist sich der Liebe Gottes gewiß, obwohl sie am eigenen Leib alles andere verspürt und erleben muß.

Groß ist ihr Glaube, weil sie an einem festhält: Gott ist Liebe, Gott ist der Barmherzige. Dies ist das letzte, was trotz allem, was in der Welt geschieht, zu wissen ist.»Diese Gewißheit gibt uns Kraft, daß wir unter den Schwierigkeiten und Widersprüchen des Lebens, der Geschichte und des Seins die Hoffnung nicht aufgeben« (Zoltán Dóka).

3. Glaube angesichts der Selbstverleugnung

Die Reaktionen Jesu waren hart. Zunächst das eisige Schweigen und dann das zweimalige klare Nein! Für die Frau wurde deutlich: Sie gehört nicht zu denen, für die Jesus eintritt, denen er seine Hilfe zuwendet. Sie gehört nicht zu den Kindern, sondern zu den Hunden.

Hunde standen in den Nachbarländern Israels hoch im Kurs. In Ägypten zum Beispiel waren sie die beliebtesten Haustiere. Nicht selten zeichnete ein Herrscher seinen Hund dadurch aus, daß er diesem seinen eigenen Namen gab. Manche ließen ihre Hunde mumifizieren und nahmen sie mit in ihr Grab als Begleiter in das Reich der Toten. Im alten Israel hatte der Hund eine verachtete Rolle. Er fraß Müll und Aas. Die Hunde galten als Leichenfresser (2. Mose 11,7; 1. Kön 14,11; 2. Kön 9,36) und damit als unrein.

Der Vergleich jener namenlosen Frau mit einem Hund war nicht nur die zweite Abweisung, sondern eine große Demütigung. Die Frau hätte allen Grund gehabt, sich tief gekränkt von Jesus abzuwenden, zumindest aber mit Vehemenz zu widersprechen. Nichts von all dem! Sie antwortete: »Ja, Herr, ich denke nicht daran, das Vorrecht der Kinder zu bestreiten. Ich weiß sehr wohl, daß ich kein Recht habe, auf deine Hilfe zu hoffen. Nur, ich nehme dich beim Wort. Wenn du schon das Gleichnis von den Kindern am Familientisch gebrauchst, dann gibt es für mich und meine Tochter zumindest da einen Platz, wo die Abfälle landen. Die Hunde bekommen die abgebissenen Reststücke der Brotfladen. Ich will nur, was abfällt, mehr nicht!« Die Frau geht den Weg tiefster Demütigung und Selbstverleugnung. »Sie demütigt sich bis in den Staub, sie gibt Gott recht – sagt ja, wo alles natürliche Empfinden des Menschen sich empört« (H. J. Iwand).

Diese Selbstverleugnung der Frau ist kein Sich-selbst-Wegwerfen. Hinter ihrer Selbstverleugnung steckt die Liebe zu ihrer kranken und gequälten Tochter. Ihre Selbstverleugnung war nichts anderes als ganzer Einsatz für ihre Tochter. Die Syrophönizierin ist ein Beispiel dafür, wie sich eine Mutter für ihre Kinder einsetzt. Kinder brauchen die Hilfe der Eltern. Sie sind auf Eltern angewiesen, die sich für sie einsetzen und sich selbst darüber vergessen. Der Glaube der Syrophönizierin ist groß, weil sie – bis hin zur Selbstverleugnung – bereit war, jeden Weg für ihre Tochter zu gehen. Es ist nicht zufällig, daß auch der Hauptmann von Kapernaum (Mt 8,5–13), das andere Beispiel des großen Glaubens, nicht für sich selbst, sondern für den heidnischen Knecht bittet. Zu seinen Jüngern sagt Jesus im Blick auf den heidnischen Hauptmann: »Solchen Glauben habe ich in Israel bei keinem gefunden« (Mt 8,10).

»Der Glaube beginnt zu schrumpfen, wenn er unfähig wird, sich in helfende Tat zu verwandeln, und wir ihn nur mehr behüten wollen« (Zoltán Dóka).

Groß ist der Glaube der Syrophönizierin, weil sie nicht bei den abweisenden und demütigenden Worten Jesu hängenbleibt. Sie sieht das Ja unter dem Nein des Herrn und bittet um die Brosamen, die vom Tisch fallen.

Jetzt redet sie Jesus zum drittenmal an. Er wendet sich ihr zu mit den Worten: »O Frau!« Damit sagt Jesus zu ihr: Du bist kein Hund, du bist nicht verworfen. Du bist ein Mensch, der vor mir stehen darf. Jesus stößt die Frau, die sich selbst verleugnete, nicht ins Nichts. Er neigt sich zu ihr herab, hilft ihr vom Boden auf und sagt zu ihr: »O Frau!« Er erkennt sie in ihrer ganzen Würde an.

Die Syrophönizierin war durch die Hölle der Anfechtung gegangen. Am Ende aber hört sie die Worte: »Dein Glaube ist groß.«

Angesichts des Schweigens Jesu blieb sie beharrlich im Gebet. In der Tiefe der Einsamkeit und des Nichtverstehens wich sie nicht aus der Nähe Jesu. Sie hielt daran fest: Gott ist Liebe. Sie war bereit, sich selbst zu verleugnen, nur damit ihre Tochter gerettet würde.

Jesus bestätigt die Frau in ihrer Würde. Er heilt ihre Tochter und schenkt sie so der Frau neu.

Dem Beispiel, das Leonardo Boff erzählt, fehlt dieser gute Ausgang. – Vielleicht ist der 8jährige heute 20 oder 30 Jahre alt. Keiner weiß, ob die Mutter ihn noch weiter pflegen kann. Und doch gleicht die Frau jener Syrophönizierin.

Ungestüm sagte sie: »Gott ist gut. Gott ist Vater.« Sie blieb beharrlich im Gebet. Sie blieb in der Nähe Jesu. Ja, sie hat noch etwas, was die Heidin nicht hatte. Sie betet das Gebet Jesu und wird ruhig über der Bitte: »Dein Wille geschehe wie im Himmel so auf Erden.«

II. Glaube und Vernunft

»Denn mein Volk tut eine zwiefache Sünde:
mich, die lebendige Quelle, verlassen sie und machen sich Zisternen,
die doch rissig sind und kein Wasser geben« (JEREMIA 2,13).
»Ich ... vergesse deine Worte nicht« (PSALM 119,16).

Das Wort aus den Mahn- und Strafreden des Propheten Jeremia und das Gebet aus dem großen Lobpsalm auf die Herrlichkeit des göttlichen Wortes sind Bestandteile der auf ein kleines Blatt Papier niedergeschriebenen Denkschrift Pascals. Zu Lebzeiten von Blaise Pascal (1623–1662) wußte keiner von dem inzwischen berühmt gewordenen Zettel, dem sogenannten Memorial, den »Gedächtnisworten« (Romano Guardini). Pascal hatte sie in sein Rockfutter eingenäht. Sein Diener fand sie erst nach dem Tode Pascals. In jeden neuen Rock nähte Pascal eigenhändig die Worte ein, an die er sich immer erinnern wollte:

»Gott Abrahams, Gott Isaaks, Gott Jakobs,
nicht der Philosophen und der Gelehrten.
Gewißheit, Gewißheit, Empfinden. Freude. Friede.
Gott Jesu Christi.
Deum meum et deum vestrum.
Dein Gott wird mein Gott sein.
Vergessen der Welt und aller Dinge außer Gott.
Nur auf den Wegen, die das Evangelium lehrt, ist er zu finden.
Größe der menschlichen Seele.
Gerechter Vater, die Welt kennt dich nicht;
ich aber kenne dich.
Freude, Freude, Freude, Tränen der Freude.
Ich habe mich von ihm getrennt.
Dereliquerunt me fontem aquae vivae (Jer 2,13).
Mein Gott, warum hast du mich verlassen?
Möge ich nicht auf ewig von ihm geschieden sein.
Das aber ist das ewige Leben, daß sie dich, der du allein wahrer Gott bist, und den du gesandt hast, Jesum Christum, erkennen.
Jesus Christus.
Jesus Christus.
Ich habe mich von ihm getrennt. Ich bin vor ihm geflohen, habe mich losgesagt von ihm, habe ihn gekreuzigt.

Möge ich nie von ihm geschieden sein!
Nur auf den Wegen, die das Evangelium lehrt, kann man ihn bewahren.
Vollkommene und liebevolle Entsagung.
Vollkommene Unterwerfung unter Jesus Christus und meinen geistlichen Führer. Ewige Freude für einen Tag der Mühe auf Erden.
Non obliviscar sermones tuos.
Ich will deine Worte nicht vergessen« (Ps 119,16).

Pascals Leben war gezeichnet von Krankheit und Behinderung. Vernunft und Glaube waren für Pascal keine unvereinbaren Gegensätze. Seine Bekehrung war der Beginn eines mit Entschlossenheit geführten Lebens in der Nachfolge Jesu.

1. Leben mit Krankheit und Behinderung

Blaise Pascal wurde am 19. Juni 1623 in Clermont-Ferrand als Sohn des Königlichen Rates Etienne Pascal und der Kaufmannstochter Antoinette Bégon geboren. Er war erst drei Jahre alt, als seine Mutter nach der Geburt seiner jüngeren Schwester Jacqueline starb. Jacqueline war ebenso leidenschaftlich und begabt wie Blaise. Sie wird durch die radikale Verwirklichung ihres Glaubens einen entscheidenden Einfluß auf ihren Bruder ausüben. Die ältere Schwester Gilberte, 1620 geboren, wurde mit ihrem Vetter Pèrier verheiratet. Das Haus seiner älteren Schwester war für Pascal Zuflucht in den letzten Monaten seines Lebens.

Pascal selbst war von schwächlicher Konstitution. Bereits als Säugling wurde er von Krämpfen befallen. Dies geschah einmal, wenn seine beiden Eltern gleichzeitig an seine Wiege herantraten, oder aber, wenn er Wasser sah. Als er in seinem ersten Lebensjahr in einen Schwächezustand verfiel, der ihn dem Tode nahebrachte, suchte der Vater Pascals Hilfe bei einer Quacksalberin. Diese brachte den Kleinen mit einem Zauberpflaster fast ums Leben. Unerwarteterweise erholte sich der kleine Pascal und verbrachte seine Kindheit ohne größere Störungen.

Bereits mit 24 Jahren aber wurde Pascal von einer Lähmung

der unteren Glieder befallen, die ihn von diesem Zeitpunkt an zwang, mit Krücken zu gehen. Flüssiges konnte Pascal nur tropfenweise einnehmen. Er wurde gequält von unerträglichen Kopfschmerzen. Er sagte später, er habe seit seinem 18. Lebensjahr keinen Tag ohne Schmerzen verbracht. In den letzten Jahren seines Lebens konnte er nicht mehr lesen und schreiben. Pascal, der bereits im 39. Lebensjahr starb, war fast immer ein von Krankheit gezeichneter Mann.

Unter seinen Werken ist das sogenannte »Krankengebet« die Schrift, die nach den in seinem Rock eingenähten »Gedächtnisworten« von größter existentieller Betroffenheit durchzogen ist. Das Krankengebet, genauer die 15 Gebete eines Kranken, überschrieb Pascal mit den Worten: »Das an Gott gerichtete Gebet um den guten Umgang mit den Krankheiten.« Im neunten Gebet heißt es:

>»Verleihe mir die Gnade, Herr, deinen Trost mit meinen Schmerzen zu verbinden, damit ich leide als ein Christ. Ich bitte nicht darum, den Schmerzen entnommen zu sein; aber ich bitte darum, den Schmerzen der Natur nicht ausgeliefert zu sein ohne die Tröstungen deines Geistes. Ich bitte nicht darum, eine Überfülle des Trostes zu haben ohne irgendeinen Schmerz. Ich bitte auch nicht darum, in einer Überfülle der Leiden zu sein ohne Tröstung. Aber ich bitte darum, Herr, miteinander fühlen zu dürfen die Schmerzen der Natur und die Tröstungen deines Geistes. Denn das ist der wahre Stand des Christseins. Möchte ich nicht Schmerzen fühlen ohne Trost, sondern Schmerzen und Trost miteinander, um am Ende dorthin zu gelangen, nur noch deine Tröstungen zu empfinden ohne irgendeinen Schmerz.«

Die beiden letzten Monate seines kurzen Lebens waren gezeichnet von schrecklichen Leiden. Mehrfach bat Pascal, das Heilige Abendmahl zu empfangen. Die Ärzte jedoch erklärten seinen Zustand für nicht besorgniserregend, so daß das Abendmahl gegen seinen Willen immer wieder aufgeschoben wurde. Zwei Tage vor seinem Tod verfiel Pascal in krampfhafte Zuckungen, die so heftig waren, daß seine Verwandten, als sie endlich aufhörten, meinten, er wäre gestorben. Am darauffolgenden Morgen kam er noch einmal zu sich und empfing das Heilige Abendmahl bei vollem Bewußtsein. Er machte, als der Priester mit den Sakramenten in sein Zimmer trat, einen Versuch, sich aus Respekt vor dem Leib des Herrn in seinem Bett aufzurichten. Als der Priester ihm die üblichen Fragen in bezug auf die Lehre vorlegte, antwortete er deutlich: »Ja, mein Herr, ich glaube das alles von Herzen.« In großer innerlicher Bewegung empfing er das Sakrament des Altars. Nach dem Abendmahl bedankte er sich bei dem Priester und rief dann die Worte aus: »Möge Gott mich niemals verlassen!« Diese Worte waren, so schließt seine Schwester Gilberte ihren Bericht vom Sterben Pascals, seine letzten Worte. Einen Augenblick später begannen die Krämpfe wieder, die nicht mehr aufhörten und die Pascal keinen Moment klaren Bewußtseins mehr ließen. Die Krämpfe dauerten bis zu seinem Tode, der 25 Stunden später, am 19. August 1662, um 1 Uhr morgens eintrat. Das Leben Pascals war vollendet. Seine Biographen nennen es »das unvollendete Leben«. Theophil Spoerri spricht von »Stückwerk«. Wie immer seine Biographen den frühen Tod Pascals beurteilen, für Pascal stand eines fest: Gesundheit und Krankheit, Leben und Tod kommen aus den Händen ein und desselben Gottes des Vaters, der Jesus als den Erlöser in diese Welt gesandt hat.

2. Vernunft und Glaube

»Unterwerfung und zugleich der Gebrauch der Vernunft, darin besteht das wahre Christentum« (Fragment 153).

Blaise Pascal war ein Mann der Vernunft. Seine Erfindungen und seine wissenschaftlichen Veröffentlichungen sind von einer Vielzahl und Breite, die aufgrund des heutigen Spezialisierungszwanges kaum nachvollziehbar sind. Bereits als 16jähriger veröffentlichte Pascal das Traktat über die Kegelschnitte, das ihn mit einem Schlag den Mathematikern und Philosophen seiner Zeit bekannt machte. Descartes konnte nicht glauben, daß das Werk von einem so jungen Menschen verfaßt worden sei. Als 20jähriger erfand und konstruierte Pascal die erste Rechenmaschine, und in seinem letzten Lebensjahr organisierte er die erste Omnibuslinie in Paris, die für 5 Sous den Fahrgast vom Corte St. Antoine bis zum Luxembourgplatz transportierte.

Mit der gleichen Entschlossenheit, mit der Pascal an seinen Entdeckungen und Veröffentlichungen arbeitete, wandte er sich auch der Auseinandersetzung mit dem christlichen Glauben zu. Schon früh trat er in Beziehung zur radikalsten Form des Glaubens, die das Frankreich des 17. Jahrhunderts kannte, dem Jansenismus. Der Sitz dieser Glaubensrichtung war das Nonnenkloster Port Royal im Süden von Paris. Angelehnt an dieses Kloster, bauten Männer der Gesellschaft ihre Klausen, um sich dorthin von der Welt zurückzuziehen.

Der nach Cornelius Jansen (1585–1638) benannte *Jansenismus* war eine innerkatholische Oppositionsbewegung, die sich vor allem gegen die jesuitische Gnadenlehre wandte. In Übersteigerung augustinischer Gedanken vertraten die Janseniten den absoluten Primat des Glaubens gegenüber der Vernunft, verbunden mit einer strengen asketischen Lebensführung. Für Pascal war diese Herausforderung mit seinem Leben und Denken in jener Zeit nicht zu vereinbaren. Bis zu seinem 31. Lebensjahr war seine Lebensführung alles andere als asketisch. Pascal genoß seinen Ruhm und sein Geld. Er fuhr mit einem eigenen Gespann durch die Straßen von Paris. Er liebte die Gesellschaft mit den großen Empfängen und pflegte Umgang mit einer »schönen, gelehrten Frau«.

Diese sogenannte »weltliche Periode« im Leben Pascals nahm ein jähes Ende mit seiner Bekehrung. Ungebrochen blieb jedoch seine Entscheidung, daß Glauben nicht zugleich heißt, »auf den Gebrauch der Vernunft zu verzichten«. Er ließ sich leiten von dem Grundsatz: »Unterwerfung und zugleich Gebrauch der Vernunft, darin besteht das wahre Christentum.« Pascal hatte auch nach seiner Bekehrung, von der die in seiner Rocktasche eingenähten Gedächtnisworte Zeugnis geben, nicht aufgehört, Mathematiker, Physiker, Ingenieur und Philosoph zu sein.

3. Bekehrung und praktisches Christsein

Mit seiner Bekehrung erlebte Pascal eine »neue Daseinsebene« (R. Guardini). Für Pascal beginnt »jenes Leben inbrünstiger Hingabe, das ihn zu einem der großen Christen gemacht hat« (R. Guardini). Der Stunde seiner Bekehrung, die er mit genauer Zeitangabe in seinen »Gedächtnisworten« festhält, geht ein jahrelanges Ringen um den rechten Glauben voraus. Von einschneidender Bedeutung war ein Unfall, bei dem Pascal wie durch ein Wunder am Leben blieb:

> »›Eines Tages‹, so erzählte Bossuet, ›als er in einer vierspännigen Kutsche seine tägliche Ausfahrt zur Brücke von Neuilly machte, wurden die zwei führenden Pferde scheu, gerade an der Stelle, wo die Straße über den Fluß führt und von einem steinernen Geländer eingefaßt ist. Sie bäumten sich auf, gingen rückwärts und stürzten sich schließlich zum Entsetzen der Umstehenden über die steinerne Brustwehr in die Seine. Glücklicherweise hatten sie schon mit den ersten Fußtritten die Zügel zerrissen, mit denen sie an der Deichsel festgebunden waren, und so blieb die Kutsche oben auf dem Geländer hängen. Pascal fiel in Ohnmacht und konnte nur mit Mühe wieder zum Leben erweckt werden. Seine Nerven waren so angegriffen, daß er noch lange später in schlaflosen Nächten oder in Augenblicken der Schwäche einen tiefen Abgrund neben seinem Bett zu erblicken meinte, in den er um ein Haar hineinstürzte.‹«

Es dauerte noch einen Monat, bis Pascal in der Nacht des 23. November seine Bekehrung erlebte. Es war das Durchdringen auf die »neue Daseinsebene« (R. Guardini). Es war ein harter Kampf, nicht zuletzt aufgrund des scharfen Denkens Pascals. Pascal erlebte seine Bekehrung als eine radikale Abkehr von seiner bisherigen Lebensweise, die er als Entfernung von Gott erkannte. Er sprach später seiner Schwester Jacqueline gegenüber von »schrecklichen Bindungen«, ohne diese im einzelnen zu nennen. Aus seinem früheren Leben bekannt waren »die Leidenschaft des Spiels, der Liebe und der Geschäfte« (Th. Spoerri). Mit diesen Leidenschaften hatte er zu kämpfen bis zu seinem Tode. Nach seinem Tod fand man auf seinem nackten Leib einen Gürtel mit Eisenspitzen. *Das Zeugnis seines Glaubens* war mutig, direkt, aber ohne persönliche Entblößung. Von dem Erleben in der Nacht seiner Bekehrung sprach er nicht einmal seiner Schwester Jacqueline gegenüber.

Sein großes, unvollendetes Werk sollte die Überschrift tragen: »Verteidigung der christlichen Religion.« Er starb darüber. Die Fragmente jedoch erschienen nach seinem Tod mit dem Titel »Gedanken« (Pensées). Darin heißt es: »Christus ist ein Gott, dem man sich ohne Hochmut nähert und vor dem man sich ohne Verzweiflung demütigt. Seid getrost! Nicht von euch sollt ihr die Gnade erwarten, sondern im Gegenteil: indem ihr nichts von euch erwartet, sollt ihr sie erwarten.«

Seine Bekehrung war nicht nur ein punktuelles Geschehen, sondern der Beginn eines Lebens, das bestimmt war von dem Umsetzen des Glaubens in die Tat.

Seit seiner Bekehrung sah sich Pascal in einer großen Solidargemeinschaft mit allen Leidenden, Kranken und Armen. Dabei hatte er keinen Zugang zur Armenfürsorge in Hospitälern. Ein solches Engagement war ihm zu neutral. Als er einmal dazu aufgefordert wurde, wies er dies zurück mit der Begründung: »Hilfe muß persönlich sein. Organisierte und unpersönliche Hilfeleistung ist nicht schon christliche Nächstenliebe.«

Wie radikal er die persönliche christliche Nächstenliebe sah, zeigt sein letzter Wunsch in den Monaten vor seinem Sterben. Er bat darum, man möge sich nach einem armen, hilfsbedürftigen Kranken umsehen, diesen zu ihm in die Wohnung tragen, damit diesem dieselbe gute Pflege zuteil würde. »Denn wenn ich denke, daß es zu derselben Zeit, wo ich so wohl versorgt bin, eine Unzahl von Armen gibt, die noch kränker sind als ich und denen das Notwendigste fehlt, bereitet mir das eine Unruhe, die ich nicht ertragen kann.«

Seine Schwester versuchte, ihm diesen Wunsch zu erfüllen. Der Priester ihres Gemeindebezirks erklärte jedoch, daß er zur Zeit keinen Schwerkranken habe, der transportfähig sei, und vertröstete ihn auf später.

Dieser letzte Wunsch Pascals übersteigt nahezu das Menschenmögliche! In Krankheit und Alter fällt das Angenehme weg, und das Egoistische tritt in den Vordergrund. Pascal sah die Armen bis in die Stunde seines Todes.

Christliche Nächstenliebe war für ihn nicht nur ein Schlagwort. Sie wurde für ihn nie zu einer unpersönlichen organisierten Hilfeleistung!

»Ich liebe die Armut, weil Er sie geliebt hat. Ich liebe die Güter dieser Welt, weil sie die Möglichkeit geben, den Menschen, die im Elend sind, damit zu helfen. Ich halte jedermann die Treue, die ich ihm schulde, ich zahle das Böse denen, die es mir antun, nicht zurück: aber ich wünsche ihnen einen Zustand wie den meinigen, in dem man von den Menschen weder Gutes noch Böses bekommen kann. Ich versuche zu allen Menschen gerecht, wahrhaftig, offen und treu zu sein; und ich empfinde eine innige Neigung des Herzens zu denen, mit welchen mich Gott enger verbunden hat; und ob ich allein bin oder vor den Menschen, so schaue ich in allen meinen Taten auf Gott, der sie richten wird und auf den sie gerichtet sind. Das sind meine Gefühle, und ich danke alle Tage meines Lebens meinem Erlöser, daß er sie mir gegeben hat und aus einem Menschen voll von Schwächen, Elend, Begierde, Hochmut und Ehrgeiz einen gemacht hat, der von allen diesen Übeln gelöst wurde durch die Kraft seiner Gnade, der alle Ehre zukommt, da in mir nur Elend und Irrtum wohnt« (FRAGMENT 550).

III. Glaube und der Umgang mit der Zeit

»Ich aber, Herr, hoffe auf dich und
spreche: Du bist mein Gott!
Meine Zeiten sind in deiner Hand« (PSALM 31,15.16a).

Zeit ist eine Kostbarkeit, die jedem Menschen nur einmal zur Verfügung steht. Umfangreich sind deshalb die Worte und Empfehlungen zum rechten Umgang mit der Zeit. So fordert Johann Wolfgang Goethe seine Leser dazu auf: »Benutze redlich deine Zeit!«, oder an anderer Stelle: »Gebraucht der Zeit, sie geht so schnell von hinnen.«

Wer diese Worte hört, denkt an das Psalmwort: »Ist doch der

Mensch gleich wie nichts; seine Zeit fährt dahin wie ein Schatten« (Ps 144,4), oder an die Aufforderung des Apostels Paulus: »Kauft die Zeit aus« (Eph 5,16). Die Bibel weiß aber noch mehr von der Zeit zu sagen, als daß sie vorübergeht und daß es sie zu nutzen gilt. So spricht das Alte Testament nicht nur von der Zeit, den Tagen und Jahren, die ein Mensch zu leben hat, sondern ganz speziell von jedem einzelnen Zeitabschnitt eines Lebens.

Der Prophet Jeremia schreibt: »Der Mensch hat keine Gewalt über seine Zeiten« (Jer 10,23), und der Psalmbeter spricht die Worte: »Meine Zeiten, Gott, sind in deiner Hand.«

Im Unterschied zur Lutherübersetzung geht der hebräischdenkende Mensch davon aus, daß es viele Zeiten gibt, aber nur eine Hand Gottes, die diese Zeiten umfaßt. Der Gebetsruf »Meine Zeiten sind in deiner Hand« kann dreifach übersetzt werden:

1) In deiner Hand liegen die Zeitabschnitte meines Lebens.
2) In deiner Hand liegt die letzte Zeitspanne meines Daseins.
3) In deiner Hand liegt jeder einzelne Moment meines Seins.

1.   In deiner Hand liegen die Zeitabschnitte meines Lebens

Die Lebenszeit eines Menschen gliedert sich in Abschnitte, die sich durch das voranschreitende Lebensalter ergeben: *Kindheit, Jugend, Höhe des Lebens* und der *Lebensabend*. Die Zeit besteht aus einzelnen Zeiträumen. Sie ist nicht vergleichbar mit einer Linie ⟶, sondern mit einzelnen Epochen ├───┤ ├───┤ ├───┤ ├───┤, von der jede ihre eigene Bedeutung und Füllung hat. Jede dieser Epochen ist eine Herausforderung, keine ist umsonst. Das von David in seinem Beten: »Meine Zeit steht in deinen Händen« gewählte Wort für »Zeit« (hebräisch: ʿet) überträgt die Septuaginta (LXX) mit »*Kairos*«. *Kairos* ist der Zeitpunkt unter scharfer Betonung der göttlichen Zielsetzung, das heißt, das, was in jedem einzelnen Zeitpunkt geschieht, ist von Gottes Hand geformt. Gottes Hand legt in jeden der einzelnen Zeiträume des Menschen einen Sinn. Es gibt keine Zeitepoche – so ist es Gottes Wille – ohne

Sinn, ohne Ziel, ohne Erfüllung. Keinem Menschen bleibt es jedoch erspart, die Zeitmomente in eigener Entscheidung und Verantwortung zu bewältigen und zu erfüllen.

Dies gilt für jede Zeitepoche unseres Lebens, auch für den sogenannten dritten Lebensabschnitt, den Lebensabend. »Das Alter ist ja nicht bloß ein Abbauen und Hinwelken, es hat wie jede Lebensstufe seine eigenen Werte, seinen eigenen Zauber, seine eigene Weisheit, seine eigene Trauer. Wir wollen uns doch nicht aufschwatzen lassen, das Alter sei nichts wert« (Hermann Hesse).

Ein besonders treffendes und sprechendes Bild für einen erfüllten Lebensabend prägte Marie Luise Kaschnitz: »Nein, das Alter ist kein Kerker, sondern ein Balkon, der einen weiten Blick gestattet, der zwar Gitter hat, aber einen weiten Blick eröffnet.« Das Bild des Balkons ist mehrdeutig. Der Balkon ist ein kleiner umgrenzter Raum. Theodor Schober nennt ihn einen guten Platz, »um sowohl einen nahen und weiten Umblick zu haben, als auch nach oben schauen zu können«.

Es ist ein Raum im Freien. Von ihm aus kann ich das Leben auf der Straße beobachten, die Hektik des Verkehrs, die regelmäßige Wiederkehr des Kommens und Gehens der Nachbarn. Ich kann die Wolken in ihrem Lauf verfolgen und in Erinnerung manche Reisen in ferne Länder nachvollziehen. Ein sprechendes Zeichen aber ist der freie Blick nach oben, die Einladung Gottes, daß der Zugang zu Gott immer offensteht. Der Balkon ist ein freundlicher Platz. Die Blumenkästen sind wie ein kleiner Garten, jede der Blumen ist ein Wunder der Schöpfung. Er ist ein geschützter, von Mauern oder von Gittern umgebener Platz. Dabei erinnern die Gitter an die mir gesetzten Grenzen. Zum Lebensabend gehört es, das Alter, die Gebrechen und die Krankheiten zu bejahen und mit ihnen leben zu lernen. Ein Balkon ist aber auch ein Platz, an dem ich mich nur vorübergehend aufhalte. »Er lädt auch dazu ein, wieder zurückzutreten in den eigenen intimen Lebensraum, um sich selber zu finden« (Theodor Schober).

2. In deiner Hand liegt die letzte Zeitspanne meines Daseins

Wenn David betet: »Meine Zeiten sind in deiner Hand«, so umfaßt der Begriff »Zeiten« auch den letzten Zeitabschnitt eines Lebens. Er umschließt auch die Stunde des Todes und das Stehen vor Gottes Thron. Zeit (griechisch: *kairos*) ist im Alten und Neuen Testament geradezu ein Fachausdruck für das Ende und das Endgericht. Die Zeit des Menschen, wie sie die Bibel versteht, ist nicht vergleichbar mit einem Strahl, der sich im Nichts verliert. Weit treffender ist der Vergleich mit einer Spirale, bestehend aus lauter Zeitabschnitten, deren Bewegung zu einem von Gott gesetzten Augenblick abgebrochen wird. Dabei ist die Strecke des Todes wie das Durchschreiten einer dunklen Tür. Es gilt, wie es in einem Psalm heißt, das finstere Tal, das Tal des Todes, zu durchschreiten (Ps 23,4). Diese Tür ist aber nur ein kurzes Durchgangsstadium. Nach der dunklen Tür öffnet sich eine unendliche Helle und Weite. Hinter dieser Tür erwartet den Menschen nichts anderes als die Hand Gottes, des Vaters, und die durchbohrte Hand Jesu, der uns erlöst hat.

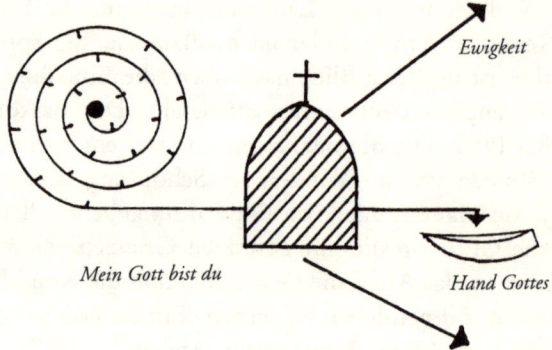

Wer die Pforte des Todes durchschritten hat, erlebt, wie die Zeit zusammengerinnt in Ewigkeit. Ewigkeit ist Endgültigkeit, von der wir nur in Bildern denken und sprechen können. Helmut Thielicke wurde – als noch keiner wußte, wie schnell seine letzte

Stunde kommen sollte – von einem Hamburger Journalisten interviewt. Dieser stellte ihm unter anderem die Frage: »Wie stellen Sie sich die Ewigkeit vor?« Die direkte Antwort Thielickes war: »Ich weiß es nicht – aber ich bin gewiß, ich werde dort die Stimme des guten Hirten hören und wiedererkennen, der ich hier in meinem Leben gefolgt bin.« Nach Thielickes Tod stand in der Tageszeitung ein Wort, das einer seiner Enkel auf dem Weg vom Grab gesagt hat:

»Opa erzählte uns viel vom Himmel. Schade, daß er jetzt, wo er dort ist, uns nichts mehr erzählen kann. Vermutlich würde er nicht mehr sagen als: ›Ich erkenne die Stimme des guten Hirten, der ich in meinem Leben gefolgt bin‹.«

3. In deiner Hand liegt jeder einzelne Moment meines Seins

Die Zeit ist nicht zu vergleichen mit einem ständig dahinfließenden Strom, »der alles zudeckt« oder, wie es im Sprichwort heißt, »der alle Wunden heilt«. Die Zeit besteht aus einzelnen kurzen Zeitmomenten. Der Gesamtprozeß unseres Lebens gliedert sich in lauter Einzelmomente. Die Zeit gleicht nicht einer nie endenden Linie →,
    sondern einzelnen aufeinanderfolgenden Punkten.....

Zeit erlebt der Mensch als punktuelles Geschehen. Dabei ist es so, daß einzelne Punkte eine derartige Wirkungsgeschichte haben, daß sie alles, was ich tue und lasse, belasten. In der Geschichte der Menschheit gibt es einen Punkt, dessen verhängnisvolles Wirken bis in das Leben eines jeden einzelnen Menschen hineinreicht.

Es ist das *egoistische Sich-Gesonderthaben* von Gott.
Der Mensch wollte mehr sein.
Er war entschlossen, den ihm von Gott gesetzten Raum zu sprengen.
Er wollte sein wie Gott.
Alle Sünden sind Folgen dieser Ursünde.
So wie Adam und Eva will ich selbst sein wie Gott. Ich will

mehr sein. Der Punkt, der mein Leben bestimmt, ist der Drang zu wissen, was gut und böse ist, ist das egoistische Sich-Absondern von Gott. Die tägliche Gestalt dieser Ursünde ist der Hochmut, die Überheblichkeit, als könnte ich alles, als wäre ich nicht von Gott gesondert. Wir tun so, als ob uns die Sünde fernliegt. Wir fühlen uns schuldlos und merken gar nicht mehr, wie weit wir uns von Gott entfernt haben. Die Hoffnungslosigkeit der Kluft zwischen Gott und Mensch ist das fehlende Sündenbewußtsein.

Heinrich Böll erzählt von einem Gottesdienstbesuch: »Aber er, Jesus, war nicht da in der Kirche. Sie haben ihn vertrieben. Nicht, weil sie alle so sündig sind, nein, sondern deshalb, weil sie sich gar nicht sündig fühlen. Sie fühlen keine Schuld und schon gar keine Sünden. Darum ist er nicht da.«

Gott ist immer dann der Ferne, wenn der Mensch sich von ihm entfernt hat. Gott ist nur dann der Nahe, wenn der Mensch seine Schuld erkennt und vor Gott ausspricht: »Ich habe mich von dir entfernt. Ich habe gesündigt. Ich bin nicht wert, daß ich dein Kind heiße.« Solche Worte sind Beichte und Bekenntnis der Schuld. Das kleine Wort »beichten« ist am besten zu verstehen, wenn man das Zeitwort trennt in die Vorsilbe »be« und den Wortstamm »ichten«.

Beichten heißt be-ichten, das heißt: »Ja sagen zu meinem Ich« (Th. Glaser). Ich sage Ja zu meiner Schuld. Ein solches Ja-Sagen zu meinem von Gott gesonderten Ich bleibt nicht ohne die Antwort Gottes, und diese Antwort Gottes ist eine zweifache. Es ist die Zusage:

- ▶ Du hast dich von mir geschieden, *aber* wir bleiben nicht geschieden.
- ▶ Du hast die Tür ins Schloß fallen lassen, *aber* ich schließe sie wieder auf. Du bist mein. Dir sind deine Sünden vergeben.

Diese Aussagen spricht Jesus nicht nur zu. Er besiegelt sie auch mit einer Tat. Jesu Verkündigung war nicht nur Reden, sondern immer zugleich auch ein Tun. Brot und Wein werden gegessen und getrunken. Und doch ist es nicht nur Brot, nicht nur Wein, sondern in, mit und unter »Brot und Wein« ist für uns gegenwärtig der Leib, den Jesus für uns gegeben, und sein Blut, das er für uns am Kreuz vergossen hat.

Das Heilige Mahl, das Testament Jesu, ist das höchste Gut. Vielleicht wurde gerade deshalb im Laufe der Geschichte dieses Mahl immer wieder zum Streitapfel und zum Zeichen der Trennung. Es gibt zwei Deutungen des Heiligen Mahles, die noch vor der Trennung der Gemeinde in Konfessionen, in Kirchen und Freikirchen niedergeschrieben wurden. Die eine ist von Ignatius von Antiochien, die zweite von Gregor von Nazianz.

Ignatius lebte nicht sehr viel später als Johannes, der Evangelist. Er wurde im Jahre 110 in Rom den Löwen vorgeworfen. Vom Heiligen Abendmahl schreibt er in einem Brief an die Epheser:

Das Heilige Mahl ist »die Arznei zur Unsterblichkeit, die Medizin, die den Tod verhindert«.

Sie ermöglicht, »fort und fort in Christus zu leben«.

Gregor von Nazianz ist einer der griechischen Kirchenväter. Er wurde um 329 geboren und starb um 390. Er beschreibt das Heilige Mahl als Speise und Trank zum ewigen Leben mit folgenden Worten: »Menschen, die auf hinterlistige Weise Gift bekommen haben, tilgen dessen todbringende Macht durch ein Gegengift, sie müssen dieses, ähnlich dem verderblichen Trank, in die menschlichen Eingeweide einführen, damit die Kraft des Heilmittels auf diesem Weg in den ganzen Körper übergehe. So bedurften auch wir, nachdem wir von einer Speise gekostet hatten, welche die Auflösung unseres Körpers zu bringen drohte, einer anderen, welche die Auflösung hemmt, damit sie, als Gegenmittel von uns genommen, den Schaden wieder verdränge, den die erwartete schlimme Nahrung in unserem Körper getragen hat. Was ist nun diese Speise? Keine andere als jener Leib, der den Tod überwunden und das Leben gebracht hat.«

IV. Glaube und Angst

»Aber ich weiß, daß mein Erlöser lebt,
und als der letzte wird er über dem Staub sich erheben«
(HIOB 19,25).

»In der Welt habt ihr Angst; aber seid getrost,
ich habe die Welt überwunden« (JOHANNES 16,33).

Leid und Not, wie sie Hiob getroffen haben, rufen Beklemmung und Angst, gelegentlich auch Furcht und Schrecken hervor. Es ist die Angst vor dem, was alles noch kommen mag. Das undurchsichtige Dunkel der Zukunft lastet auf dem in Leid und Not Geratenen wie ein schwerer Stein. In den Stunden der Angst gibt es keine größere Sehnsucht als die nach einem Menschen, der einfach sagt: »Ich bin für dich da. Ich trage deine Ängste mit.« Wie das aussehen kann, faßt die in Prag geborene Schriftstellerin Olly Komenda-Soentgerath in die Zeilen unter der Überschrift:

Für Dich
Wirf die Angst
aus deinen Augen
in die meinen!
Durchfürchten
will ich sie
für dich.

Das Zittern deiner Hände
leg auf meine Haut.
Es wird verebben.

Schreien laß mich
deinen Schrei,
der dir das Lächeln
von den Lippen stößt –

und sterben
deine vielen Tode,
bis Platz
in deinen Adern wird
für Leben.

Nur wenigen Menschen in Not ist es vergönnt, auf einen Freund zu stoßen, der die Angst mit ihnen teilt oder ihnen sogar die Angst abnimmt. Die meisten müssen wie Hiob ganz allein mit ihren Ängsten fertig werden. Die Ängste, die einen Menschen befallen können, haben viele Namen. Da gibt es die Angst vor der Zukunft oder die Lebens- und die Todesangst.

1. Die Zukunftsangst

Die Zukunftsangst ist das »angstvolle Umkreisen des auf mich Zukommenden« (H. Thielicke). Sie gehört zum Menschen. Sie entsteht angesichts der vor jedem Menschen liegenden ungewissen Zukunft. Es ist die Angst, wie sich der auf das Heute folgende Tag gestalten wird.

Diese Zukunftsangst hat viele Gesichter. Ein von Zukunftsangst gequälter Mensch sorgt sich zum Beispiel mitten im Überfluß, ob er auch in Zukunft genug zu essen habe. Sein Sorgen hat nichts mehr zu tun mit Fürsorge. Fürsorge ist das Besorgen und Planen und ist damit ein Teil der dem Menschen übertragenen Verantwortung für die Welt, für sein Leben und für das Leben derer, die ihm anvertraut sind. Wenn Jesus sagt: »Sorget nicht« (Mt 6,25–34), so untersagt er dem Menschen nicht die Fürsorge, sondern die Sorge in der Gestalt der »Lebensgier« (A. Weiser).

Wer nur nach Leben, Lust und Freude giert, wird von dem Diktat der Sorge beherrscht. Er wird, wann immer er an die Zukunft denkt, von Angst gepackt. Er erlebt die Angst als eine Übermacht, der er wehrlos ausgeliefert ist. Er wird von der Angst vergewaltigt wie von einem unbekannten Etwas. Er ist »wie ein kleines Tier, das voll Angst sinn- und ziellos umherläuft« (G. Fohrer).

Dieser Zukunftsangst begegnet Jesus mit dem Wort: »Ich weiß darum. Ihr habt Angst in der Welt; aber seid getrost, ich habe die Welt überwunden.«

Jesus sagt jedem, der Angst vor der Zukunft hat: »Ich setze deiner Angst ein *Aber* entgegen.«

Das kleine Wort »*aber*« hebt, wie aus ganz alltäglichen Redewendungen abzulesen ist, das zuerst Gesagte auf.

- Du bist schön, *aber* du hast eine unreine Haut.
- Du hast recht, *aber* eines hast du vergessen.
- Deine Leistung war gut, *aber* sie hat keinem geholfen.

Weit mehr noch als im Gespräch unter Menschen hebt das *Aber* im Munde Jesu das Vorausgegangene auf. Jesus setzt dem *Aber* der Wirklichkeit, wie sie der Mensch erlebt, seine Wahrheit entgegen. Er sagt: Ihr seht nur die Welt, in der ihr lebt, so daß der Gedanke an die Zukunft euch Furcht und Schrecken einjagt. Ich aber bin mächtiger als alles, was euch Angst machen kann. Dies sei euer Trost! Jesus spricht: »Seid getrost«, das heißt, Jesus begegnet dem von der Zukunftsangst Gequälten als Tröster.

Das einzige, das ein Mensch in seiner Angst tun kann, ist, ein Bekenntnis zu sprechen, das mit einem *Aber* beginnt. Für Hiob hatte sich bei weitem noch nicht die Wende in seiner Not abgezeichnet. Noch saß er auf dem Müll vor der Stadt. Noch prasselten die Worte und die wohlgemeinten Ratschläge seiner Freunde auf ihn herunter. Gott hatte noch nicht ein einziges Wort zu ihm gesprochen. Hoffnung auf eine neue Zukunft hatte er nicht. Sein Leib verfiel immer mehr. Seine Einsamkeit wurde größer. Von seiner Frau heißt es: sie konnte seinen Geruch nicht mehr ertragen.

In dieser Situation ohne Zukunft sprach Hiob:

»*Aber ich weiß, daß mein Erlöser lebt.*«

Allem Erleben und allem Augenschein setzt Hiob sein »*Aber*« entgegen. Dieses sogenannte adversative *Aber* »übersteigt den Wunsch zur Gewißheit des Glaubens« (L. Steiger). Hiob flieht nicht aus der Leidenswirklichkeit in eine Wunsch- oder Traumwelt. Im Gegenteil, es handelt sich um einen klaren, festen Entschluß, um das kühne Wagnis einer persönlichen Glaubensentscheidung, in der das Leid nicht übersehen, sondern überwunden wird. Hiob bringt seine Hoffnungsgewißheit auf den Punkt: »*Aber:* mein Erlöser lebt.« Der Begriff Erlöser, wörtlich: Löser, ist, wie die späteren Belege im Alten Testament zeigen, ein familienrechtlicher Fachausdruck, der von den semitischen Sprachen nur dem Hebräischen eigen ist. Löser (hebräisch: *go'el*) wird im Volk des Alten Bundes der jeweils nächste Verwandte eines Menschen genannt. Die Vorstellung von nächster Verwandtschaft klingt auch überall da mit, wo auf Gott der Name Löser *(go'el)* übertragen wird. So kann Jesaja sagen: »Du, Herr, bist unser Vater; ›Unser Erlöser‹ ist von alters her dein Name« (Jes 63,16). Hiob nennt Gott mit dem Namen, der ihn von alters her kennzeichnet. Gott ist für Hiob der »Löser Gott«. Der Löser ist im Alten Testament immer an erster Stelle der *Bluträcher und der Ehrenretter.* Als Bluträcher vollzog der Löser ursprünglich die Blutrache für einen Ermordeten seiner Familie (4. Mose 35,19; Jos 20,3). Er löste durch Tötung des Töters die Schuld der Tötung ein, das heißt, wenn jemand ermordet worden ist, soll sein Tod durch den Bluträcher dadurch gerächt werden, daß der Mörder oder ein Glied seiner Sippe getötet wird. Der Erlöser im Sinne des Bluträchers paßt gut in den Zusammenhang der Hoffnungsgewißheit Hiobs. Beim Los Hiobs geht es nicht um diese oder jene Einbuße an Glück und Wohlstand, die im Laufe von Jahren zu verschmerzen wäre; Hiob ist bereits mehr tot als lebendig. Wenn Hiob endgültig stirbt, wird er in aller derer Augen, die am Tun-Ergehen-Zusammenhang festhalten, als todeswürdiger Verbrecher gelten (Jes 53,4.9). Der Bluträcher, auf den Hiob seine Hoffnung setzt, wird die Aufgabe übernehmen, Hiobs Unschuld und Ehre zu retten. Da alle menschlichen Verwandten und Freunde sich von Hiob zurückgezogen haben, bleibt für Hiob nur Gott als Bluträcher und Ehrenretter. Der Löser im Sinne des Ehrenretters wird das von allen verkannte Recht Hiobs wieder zur Anerkennung bringen. Der Bluträcher und der Ehrenretter stehen sich in ihrer Funktion deshalb sehr nahe, da beide die ersehnte Rettung erst nach dem erfolgten Tod des Leidenden herbeiführen.

Die Vorstellung des Bluträchers und Ehrenretters ist nur sehr schwer mit dem Gottesbegriff in Verbindung zu bringen. Ein Vergleichspunkt ist darin gegeben, daß es kein Los eines Menschen gibt, das Gott gleichgültig ist. Das Blut der Ermordeten schreit zum Himmel. Dies gilt von Abel (1. Mose 4,10) bis hin zu den Märtyrern unter dem Altar (Offb 6,9f.), deren Schreie zu Gott dringen.

Kein Mensch ist Gott gleichgültig. Es gibt keinen Leidenden, keinen Kranken und Betrübten, an dem Gott einfach vorübergeht. Das Los und Geschick eines Menschen trifft Gott bis in sein Innerstes. Kein Los ist Gott gleichgültig. Wenn Jesus sagt: »*Aber seid getrost...*«, dann kommt er dem Menschen ganz nahe. Er ist wie ein Freund, der sich zu seinem Freund setzt und ihm zuhört. Der von Angst Gequälte kann ihm seine Ängste sagen. Das Aussprechen der Ängste in dem Wissen, »Jesus ist nahe«, ist nichts anderes als beten. Beten heißt, Jesus von seinen Ängsten zu erzählen. Beten ist nicht schwer. Ein Beter ist der, der seine Ängste ausspricht und davor den Namen Jesus setzt:

»Jesus, du weißt um meine Angst...« Wer Jesus seine Angst erzählt, wird erfahren, daß Jesus zwar nicht an allem Leid vorbeiführt, aber daß er durch das Leid hindurchführt. Der in Not und Leid Geratene weiß sich doch von Jesus an die Hand genommen und von Jesus geleitet.

Die Angst hat viele Namen. Ganz dicht bei der Zukunftsangst steht die Lebensangst.

2. Die Lebensangst

Lebensangst ist Ausdruck der Geschöpflichkeit. Jedes Geschöpf erlebt den Abstand zu seinem Schöpfer als Unsicherheit. Unsicherheit ist der Nährboden der Lebensangst.

Die Lebensangst kann einen Menschen so beherrschen, daß dieser nicht mehr daran glauben kann, je aus dem Dunkel der Angst zurückzukehren. Einen von Lebensangst gejagten Menschen kennzeichnet einer der Freunde Hiobs (Elifas) mit den Worten: »Stimmen des Schreckens hört sein Ohr, und mitten im Frieden kommt der Verderber über ihn« (Hiob 15,21).

Der dauernd von Lebensangst bestimmte Mensch hört Schreckensstimmen, die ihn ständig verfolgen. Er sieht selbst da, wo lauter Friede ist, nur Verwüstung auf sich zukommen. Wie die Zukunftsangst, so hat auch die Lebensangst viele Gesichter. Es sind die Ängste vor Kriegen, Unfällen und Katastrophen. Für Betagte und Behinderte ist es die Angst, als Lebensunwerte abgestempelt zu werden, die Angst, nicht mehr leben zu dürfen, weil den Gesunden das Sozialsystem zu teuer wird. Es ist die Angst vor Genmanipulationen, die das Leben in total andere Bahnen lenken.

Diese und andere Gesichter der Lebensangst bestimmen immer da einen Menschen, wo die Gottesfurcht in den Hintergrund gedrängt wird oder ganz verschwindet.

Gottesfurcht heißt nicht Angst vor Gott haben, sondern zu wissen, was Gott zukommt. Gott beansprucht im Leben eines Menschen den ersten Platz. Gott fürchten heißt, Gott an die erste Stelle zu setzen. Gottesfurcht ist die Verehrung Gottes und die Achtung vor dem Willen Gottes. »Wer Gott nicht mehr fürchtet, fürchtet alles in der Welt, denn die Welt ist unheimlich geworden« (H. Thielicke).

Wo Gott an die zweite Stelle gesetzt, zurückgedrängt oder gar völlig verdrängt wird, nehmen andere Mächte den ersten Platz ein. So geht Hand in Hand mit dem Schwinden der Gottesfurcht das Aufblühen des Dämonen- und Aberglaubens. An die Stelle eines Wortes Gottes für den Tag tritt das Horoskop. Hinter der Formulierung »unberufen« oder dem dreimaligen Holzklopfen steht nichts anderes als die Angst vor einer den Menschen bedrohenden und sein Leben schädigenden Macht.

Der Verlust der Gottesfurcht hat aber auch die Konsequenz: »Wo Gott nicht mehr gefürchtet wird, ist alles erlaubt« (F. Dostojewski). »Wo aber alles erlaubt ist, wird auch alles möglich« (H. Thielicke). So hat der Mensch nicht nur Angst vor Dämonen, sondern auch vor anderen Menschen. Der Mensch ohne Gott ist völlig unberechenbar.

Hiob hatte alles verloren. Eines jedoch war ihm geblieben: Er konnte immer noch Gott anreden. Seine Schreie waren kein Jammern, sondern ein Klagen.

Solange ein Mensch in seinen Ängsten sich nicht in der Einsamkeit verliert, sich nicht total isoliert, ist alles Klagen bis hin zum Anklagen Gebet, Anrufung und Herbeirufung Gottes. »Er kann reden, er darf reden, wenn er nur wirklich zu Gott redet, gibt es nichts, was er ihm nicht sagen darf« (M. Buber). Hiob schreit alle seine Not heraus. Mitten in der Lebensangst ruft er: *Aber* ich weiß, daß mein Erlöser lebt.

Der Erlöser im Alten Testament ist nicht allein der Bluträcher und Ehrenretter, er ist auch der Treuhänder!

Als Treuhänder stellt der Erlöser die Eigentumsverhältnisse wieder her. Wenn ein Familienmitglied ein Haus oder ein Grundstück verkaufen mußte, bestand ein Recht des Loskaufs. Der jeweils nächste Verwandte war verpflichtet, das Verkaufte zurückzukaufen, um dadurch den Besitz der Sippe wiederherzustellen (3. Mose 25,25-34). So erwarb zum Beispiel der Prophet Jeremia das Feld seines Vetters Hanamel (Jer 32,6f); und Boas wurde der Löser von Noomi und Rut. Im letzteren Fall gab es einen noch näheren Verwandten, der das Vorrecht hatte (Rut 3,12; 4,4). Dieser war zwar bereit, das Grundstück zu kaufen, nicht aber dazu, noch Rut zu heiraten. Boas dagegen war zu beidem entschlossen, um die Sippe in ihrer Ganzheit wiederherzustellen. Als Löser übernahm er treuhänderisch das Erbe des Verstorbenen, heiratete die kinderlose Witwe, deren erster Sohn dann als Sohn des Verstorbenen galt, und verwaltete das Eigentum, bis der Sohn herangewachsen war. Ziel und Aufgabe eines Treuhänders war es, alles zu tun, um die Familie zu erhalten.

Hiob nennt Gott seinen Treuhänder. Gott selbst soll Hiobs Erbe antreten und dafür sorgen, daß sein Name nicht der Vergessenheit anheimfällt.

Gottes Rolle als Treuhänder besteht in der Wiederherstellung einmal bestandener Eigentumsverhältnisse. Dies ist auch der Hintergrund der großen Zusage: »Ich habe dich erlöst (hebräisch: *g'l*); ich habe dich bei deinem Namen gerufen; du bist mein« (Jes 43,1).

Gott ist treu. Er ist der Zuverlässige. Er gibt keinen Menschen, solange dieser auf der Erde lebt, auf. Er setzt alles daran, den Menschen als sein Eigentum zurückzuerwerben. Gott will für jeden Menschen sein ganz persönlicher Erlöser sein.

Angesichts dieser Gewißheit braucht kein Mensch Angst davor zu haben, einmal verlorenzugehen! Wer immer den Namen Jesu anruft, wird gerettet! (Apg 2,21). Es gibt keine Angst, in der der Mensch nicht schreien und rufen kann: *Aber* ich glaube an dich. *Aber* dich, meinen Gott, gebe ich nicht auf. Wo dieses *Aber* aus dem Munde eines Menschen erklingt, spricht Jesus sein Wort:

»*In der Welt habt ihr Angst; aber seid getrost, ich habe die Welt überwunden.*«

Jesus weiß, daß Menschen in der Welt Angst haben, und stellt diesen Ängsten sein *Aber* entgegen: »*Aber* seid getrost, ich habe die Welt überwunden.«

Jesus will keine Kraftmenschen, die keine Angst kennen. Er erwartet nicht von Menschen, daß diese die Welt überwinden, sondern er spricht: »*Ich* habe die Welt überwunden.« Damit sagt Jesus: Ich bin größer als diese Welt, mächtiger als die Lebensangst mit all ihren Gesichtern. Ich bin der Herr dieser Welt! Die Annahme dieser Herausforderung Jesu vollzieht sich in drei Schritten.

▶ Der Mensch beginnt, klein von dieser Welt zu denken und groß von Jesus, dem Herrn.

▶ Er wendet sich ab von allen anderen Mächten, die ihn beherrschen wollen. Er erteilt allem, was ihn beherrschen will, eine bewußte Absage.

▶ Er spricht das Gebet und das Bekenntnis: »Jesus, ich gebe mein Leben in deine Hand. Du, Jesus allein, bist mein Herr.«

Ein solches Gebet sprach in den ersten Jahrhunderten der christlichen Kirche jeder einzelne, der sich dazu entschloß, als Christ zu leben. Es war gleichzeitig das Bekenntnis: Ich habe einen Herrn, der die Welt mit ihren Ängsten überwunden hat. Dieser Herr hat auch dann das letzte Wort, wenn der Tod nach einem Menschen greift.

Zu den vielen Namen, die die Angst hat, gehört auch der der Todesangst.

3. Die Todesangst

Todesangst ist nichts anderes als ein Ausdruck des »Stigmas der Endlichkeit« (P. Tillich), das jeder Mensch an sich trägt. Der Tod, so lehrten es bereits die alten Ägypter, ist ein »Stück der Weltordnung« (S. Morenz). Dabei ist der Tod nicht erst der Schlußpunkt hinter einem zu Ende gegangenen Leben, sondern die Spuren des Todes durchziehen das ganze Leben des Menschen. Unter den Spuren des Todes leidet der Mensch bei jeder Krankheit. Im Grunde ist jede Angst eine Art Todesangst.

Von der unerklärlichen Krankheit, die Hiobs Leib entstellt hat, sagt einer seiner Freunde (Bildad): »Seine Glieder wird verzehren der Erstgeborene des Todes« (Hiob 18,13). Krankheiten sind »Söhne des Todes«, und ein »krankes Glied« nannten bereits die Ägypter ein »totes Glied« (P. Ebers). Die Todesangst hat viele Gesichter. Die Angst vor und in der Krankheit ist nichts anderes als ein Vorläufer der Todesangst. Es gibt keinen Kranken und keinen Sterbenden, der nicht zumindest streckenweise von der Todesangst befallen wird. Jeder, der Sterbende begleitet, hört immer wieder die Worte: »Ich habe Angst.« Die Angst in den Stunden und Tagen des Sterbens ist etwas ganz Natürliches. Auch Jesus war die Todesangst nicht fremd. Am Kreuz von Golgatha befiel Jesus die Angst vor dem Tod. Er schrie und betete: »*Mein Gott, mein Gott, warum hast du mich verlassen?*« (Ps 22,2; Mt 27,46; Mk 15,34). Jesus erlitt die Todesangst wie jeder Mensch als ein Stück der Ordnung dieser Welt. Auf dem Hintergrund des Tatbestandes, daß das Erleiden von Krankheit und Tod nichts anderes ist als ein Stück der Weltordnung, erscheint Jesu Wort in einem unvergleichlichen Licht: »In der Welt habt ihr Angst; *aber* seid getrost, ich habe die Welt überwunden.« Jesus tritt dem von Todes- und Krankheitsangst Befallenen als Tröster gegenüber. Der Tröster ist der, der einem Menschen zum Herzen redet. Das Wort trösten gehört zur Sprache der Liebe (Simian-Yofre). In der

Beziehung zwischen Gott und Mensch äußert sich die Sprache der Liebe im Zusprechen von Verheißungen, das heißt von mutmachenden Worten der Liebe. Jesus spricht dem Kranken und Sterbenden die Verheißung zu: »*Sei getrost, ich habe die Welt überwunden.*« Dieses Wort ist keine banale Verharmlosung des Todes, sondern die Ernstnahme des Todes und seiner Söhne, der Krankheit, als einer bedrohlichen Macht. Der Tod ist der letzte Feind des Menschen. Er kann auch von Christen erlebt werden als ein »erbarmungsloser Würger, der seine Macht brutal ausnutzt« (E. Beyreuther). Deshalb sollte in jeder christlichen Gemeinschaft der Grundsatz gelten: Keiner braucht alleine zu sterben.

Eine der wesentlichen Aktivitäten einer lebendigen Gemeinde ist ein Kreis ehrenamtlicher Mitarbeiterinnen und Mitarbeiter, die geschult sind zur Sterbebegleitung. Sie halten Sitzwachen, wenden sich dem Sterbenden zu, sie beten mit ihm und für ihn, erteilen ihm den Sterbesegen und bleiben bei ihm, bis er aus diesem Leben geschieden ist. Sie sprechen dem Sterbenden die mutmachenden Worte zu: »Jesus ist der Sieger über den Tod. Sei getrost, Jesus hat auch den Tod überwunden.«

Diese Worte sind vergleichbar mit dem Aufstoßen eines Fensters in die Ewigkeit. Das Licht der Auferstehung dringt vor bis hin zum Bett des Sterbenden! Das Licht der Auferstehung war, wie schemen- und schattenhaft es auch noch gewesen sein mag, Hiob nicht fremd. – Dies zeigt nicht zuletzt sein Bekenntnis: »*Aber* ich weiß, daß mein Erlöser lebt.« Der Erlöser ist nicht allein der Bluträcher und Ehrenretter, er ist nicht nur der Treuhänder, er ist auch der Sieger über den Tod. Das Bekenntnis zu dem Erlöser als seinem allernächsten Verwandten, der der Lebendige schlechthin ist, erfüllt Hiob mit der Gewißheit, daß seine Leidensgeschichte nicht wie eine Verbrechergeschichte enden wird. »Sein Ende wird nicht die Verendung im Nichts, sondern die Vollendung in Gott sein« (E. Zenger). Sein Erlöser »*erhebt sich als letzter über den Staub*«. Gott hat den Menschen aus Staub gemacht (1. Mose 2,7) und kann ihn wieder zum Staube zurückkehren lassen (Hiob 10,9).

Gott reduziert den Menschen zu dem Stoff, aus dem er ihn

geschaffen hat. Über dem Staub aber wird nicht nichts sein, sondern über dem Staub steht der, der widerspricht, der Erlöser. Er wird sich erheben, aufstehen wie Gott selbst in seiner Hoheit als Richter und Erretter (Ps 3,8; 7,7; 76,10; 82,8). Gott spricht als Schöpfer nicht nur das erste Wort über den Menschen, ihm allein steht auch das letzte zu.

Der Erlöser lebt und wird als letzter, als alles Überdauernder, das letztentscheidende Wort sprechen. Mit dieser Hoffnungsgewißheit ist Hiob auf dem Höhe- und vor dem Wendepunkt des Geschehens angelangt. Obgleich für Hiob die Lösung seines Problems noch nicht gekommen ist – die Auseinandersetzung mit seinen Freunden und das Ringen mit Gott gehen weiter –, so umfängt Hiob nirgends eine solche Gewißheit und ein solcher Trost wie hier. Hiob »eröffnet sich ein Transzendenzraum, der zur neuen Erkenntnis wird, so daß das persönliche Gottesverhältnis die leidende Existenz überschreitet« (K. Dirschauer). Hiob ist mit dem »Transzendenzdurchbruch« der »entscheidende Durchbruch« gelungen (H. Gese).

Es ist der Durchbruch zur Hoffnungsgewißheit: »Mein Erlöser ist der Sieger über den Tod.«

Hiob, »der große Kranke« (A. v. Orelli), setzt seine Hoffnung nicht auf den Tod. Er weiß, daß der Tod nicht das Letzte ist. Jenseits der Tür, durch die ein Sterbender geht, steht der Erlöser. Hiob setzt mitten in seiner Krankheit und auch angesichts des drohenden Todes seine Hoffnung allein auf den Erlöser.

Mit dem Zuspruch: »Aber seid getrost« tritt Jesus auf die Seite eines jeden, der von Zukunftsangst gequält ist. Er will dem, den Lebensangst beherrscht, neuen Lebensmut geben. Er wendet sich in Liebe jedem Kranken und Sterbenden zu. Dieses Trostwort Jesu ist *nicht* ein Versprechen, daß der, der es hört und glaubt, vor allem Schweren bewahrt wird. Aber es ist die Zusage: Was immer kommen mag, Jesus ist der Nahe! Er ist der Erlöser!

Als Erlöser ist er der Ehrenretter jedes einzelnen Menschen.

Kein Los ist bei ihm vergessen!

Jeder Schrei in Not, Leid und Einsamkeit dringt vor bis zu seinem Thron.

Als Erlöser ist er der Treuhänder.
Er ist in die Welt gekommen, damit auch nicht einer verlorengehen muß. Jeder kann beten: »Jesus, sei mein Herr.«
Als Erlöser wird er das letzte Wort sprechen.
Er ist der Sieger über den Tod.
Von dem rumänischen Chopininterpreten Dinu Lipatti (* 1917) wird folgendes berichtet. Er gab, 33jährig, ein Konzert in Besançon. Aufgrund eines Schwächeanfalls mußte er sein Konzert abbrechen. Nach einer längeren Pause betrat er noch einmal den Konzertsaal und spielte – es war sein letzter Vortrag – von Johann Sebastian Bach: »Jesus bleibet meine Freude.«

> Wohl mir, daß ich Jesum habe,
> O wie feste halt ich ihn,
> Daß er mir mein Herze labe,
> Wenn ich krank und traurig bin.
> Jesum hab ich, der mich liebet
> Und sich mir zu eigen gibet.
> Ach drum laß ich Jesum nicht,
> Wenn mir gleich mein Herze bricht.
> Jesus bleibet meine Freude,
> Meines Herzens Trost und Saft.
> Jesus wehret allem Leide,
> Er ist meines Lebens Kraft,
> Meiner Augen Lust und Sonne,
> Meiner Seele Schatz und Wonne.
> Darum laß ich Jesum nicht
> Aus dem Herzen und Gesicht.

V. Glaube und Scheitern

> »Fürchte dich nicht, denn ich habe dich erlöst; ich habe dich bei deinem Namen gerufen; du bist mein!« (JESAJA 43,1)

Am Sonntag des Guten Hirten, dem Sonntag Misericordias Domini, im Jahre 1903, wurde in der Kirche von Beuthen der gerade fünf Wochen alte Jochen Klepper getauft. Sein Tauf- und Konfirmationsspruch sind die Zusagen Gottes:

Du bist mein.
Ich habe dich bei deinem Namen gerufen.
Ich habe dich erlöst.

Jochen Klepper hat sich im Blick auf seine Kindheit oft und gern an dieses Wort erinnert, das Wort von seinem Erlöser. Es ist kein Zufall, daß das letzte Bibelwort, das Klepper in sein Tagebuch schrieb, ebenfalls vom Erlöser spricht. Es ist der erste Vers von Psalm 126:

»Wenn der Herr die Gefangenen Zions erlösen wird,
so werden wir sein wie die Träumenden.«

Angesichts dieser Worte wird die Ratlosigkeit im Blick auf das Ende Jochen Kleppers noch größer. Der Selbstmord Jochen Kleppers, seiner Frau und seiner Tochter ist für nicht wenige Christen bis heute ein Stein des Anstoßes.

Zweifelsohne ist Selbstmord ein Scheitern, ein Versagen der Kraft, ein Kapitulieren, ein Nicht-mehr-Können. Klepper konnte nicht mehr durchhalten. Er konnte nicht mehr warten, bis sein Erlöser ihn rief. Für die Kleppers war die Grenze ihrer Kraft erreicht.

In der Adventszeit 1942, am 10. Dezember, entschlossen sich die Kleppers, ihrem Leben selbst ein Ende zu setzen. Dieser letzte Schritt der Kleppers bleibt in der Tat undeutbar und macht jeden Betrachter der Kirchengeschichte hilflos. Jochen Klepper hat weder Eingang gefunden in den von Jörg Erb verfaßten evangelischen Namenskalender, noch wurde er in die Reihe der Zeugen des Evangeliums, wie sie Herbert Achterberg zusammenstellte, aufgenommen. Kein Herausgeber eines Gesangbuches jedoch kommt an Jochen Klepper vorbei. Die Glaubenslieder Jochen Kleppers sind von einer unvergleichlichen Tiefe und existentiellen Betroffenheit. Sie sind Ungezählten, die sie sangen und beteten, zum Trost geworden. Jochen Klepper hat seinen Platz mitten unter uns. Er hat zwar vor den ihm und seiner Familie bevorstehenden Qualen kapituliert, dennoch gehört er in seinem Kampf und in seinem Versagen zur Wirklichkeit des Glaubens. Der Weg des Christen, der Weg eines Glaubenden, ist kein Springen von Erfolg zu Erfolg, von Sieg zu Sieg, von Anerkennung zu Anerkennung. Es ist vielmehr ein ganz normaler Lebensweg mit Höhen und Tiefen, mit Gipfelerlebnissen und tiefen Abgründen.

Es ist naheliegend, daß Christen nur von ihren Höhenflügen erzählen. Wer dies tut, läßt jedoch alle, die in der Tiefe sind, allein! Er tut so, als ob es kein Scheitern gäbe.

Dem Begriff »Scheitern« liegt sprachgeschichtlich die Mehrzahl von »Scheit« zugrunde, wobei unter »Scheit« soviel wie ein »gespaltenes Holzstück« zu verstehen ist. Scheitern heißt »in (Trümmer) Stücke gehen« oder anders ausgedrückt »Schiffbruch erleiden«.

Sieht man auf die letzte bewußte Tat der drei Kleppers, so erkennt man nur ein untergehendes Schiff, oder man steht ratlos vor einem Trümmerhaufen. Die Trümmer sind im Leben Jochen Kleppers aber nicht nur das jähe, selbst herbeigeführte Ende. Trümmer zeichnen seinen gesamten Lebensweg. Das Leben Jochen Kleppers, das unter dem Wort steht: »Du bist mein«, war schon sehr früh gekennzeichnet von Schwerem, von Fehlschlägen und Scheitern.

1. Du bist mein

Der unter dem Zuspruch Gottes: »Du bist mein« getaufte und konfirmierte Jochen Klepper besuchte ein Jahr die Volksschule. Er wechselte danach in die Privatschule im Zimmer seines Vaters. Bereits seine Schulzeit war bestimmt von vielen Unterbrechungen. Ein Asthmaleiden bedrohte den jungen Klepper. Er war buchstäblich immer wieder am Rande des Erstickens. Erst in seinem dritten Lebensjahrzehnt wich die Krankheit. Sie überschattete seine gesamte Gymnasialzeit und sein Studium. Das Theologiestudium hat Jochen Klepper abgebrochen. Er verließ kurz vor seinem 1. Theologischen Examen die Universität Breslau, um als freier Schriftsteller tätig sein zu können. Jede abgebrochene Ausbildung ist ein Trümmerbrocken, der immer neu im Wege liegt.

1932 fand Klepper eine Anstellung beim Rundfunk. Seine

Hoffnung, nun könne »die Hauptzeit« eines erfolgreichen Lebens beginnen, eine Zeit planvollen Schaffens und materieller Unabhängigkeit, wurde im Keim erstickt.

Am 30. Januar 1933 übernahmen die Nationalsozialisten die Macht in Deutschland, und Jochen Klepper, inzwischen verheiratet mit einer jüdischen Frau, galt als jüdisch versippt. Er verlor seine Arbeit beim Rundfunk, seine Anstellung beim Ullstein-Verlag war nicht von Dauer. Ab 1937 mußte Jochen Klepper alles, was er schrieb, einem Zensor vorlegen.

Seine Hoffnungen und Ziele lagen vor ihm wie ein einziges Trümmerfeld: ein abgebrochenes Studium – arbeitslos – beschnitten in der Freiheit des Redens und Schreibens.

Eines jedoch hatte Jochen Klepper auch in dieser Zeit nicht verloren – seinen Glauben an Gott, den Vater, sein Festhalten an Jesus, seinem Herrn.

Im Juli 1935, als Klepper im Blick auf seine Zukunft nur noch Dunkel sah und ihm alles sinnlos vorkommen mußte, schrieb er die Zeilen:

> Wir wissen nicht den Sinn, das Ende.
> Doch der Beginn ist offenbar.
> Nichts ist, was nicht in deine Hände
> am ersten Tag beschlossen war,
> und leben wir vom Ursprung her,
> bedrückt uns keine Zukunft mehr.

Der Ursprung, von dem Jochen Klepper lebte, war die Gewißheit der Zusage Gottes: »Du bist mein!« Das kleine Wort *mein* ist in allen Sprachen der Welt das innigste Wort. Es ist die Höhe der Sprache der Liebe. Es ist kein besitzanzeigendes Fürwort. Es hat unter Liebenden nicht die Bedeutung des Anmeldens von Besitzverhältnissen oder des Abklärens von Machtpositionen. Es ist ein Wort des *Freien*. Wenn zwei Liebende zueinander sagen: »Ich bin dein, du bist mein«, so schaffen sie damit *ein einmaliges und unvergleichliches Verhältnis.*

Auch in der Beziehung des Menschen zu Gott umfaßt das Wort »du bist mein – ich bin dein« eine Beziehung, die auf Freiwilligkeit fußt.

Dies zeigt bereits die Anordnung, wie in alttestamentlicher Zeit mit Sklaven umzugehen war.

Ein in Schuldsklaverei Geratener durfte von seinem Herrn nur sieben Jahre wie ein Leibeigener angesehen werden. Danach galt seine Schuld als »abgedient«. Der Herr mußte ihm seine Freiheit wiedergeben! Trat der Fall ein, daß der Sklave im Dienst und Hause seines Herrn bleiben wollte, so konnte er aus freiem Willen heraus sprechen: »Ich will dein Knecht sein!« Auf diese freie Entscheidung folgte eine Handlung mit großer zeichenhafter Bedeutung:

Der Herr führte ihn an die Tür seines Hauses. Dort bohrte er mit einem Pfriem ein Loch durch sein Ohrläppchen. Der so am Türpfosten des Hauses Gezeichnete war nun für immer Eigentum seines Herrn!

Wenn Gott über dem Leben eines Menschen spricht: »Du bist mein«, so ist dies keine Vergewaltigung, sondern ein auf die Entscheidung des Menschen hin angelegtes Wort. Die Antwort Jochen Kleppers auf seinem Weg des Scheiterns im Beruf und in der Welt der Arbeit ist das Bekenntnis: Ich gehöre dir. Auch das Schwere soll mich nicht von dir scheiden. Du bist mein, du bist der, der mein Leben lenkt. Er schreibt:

> In allen Ängsten unseres Handelns
> siegt immer noch dein ewger Plan.
> In allen Wirren unseres Wandelns
> ziehst du noch immer deine Bahn.
> Und was wir leiden, was wir tun:
> Wir können nichts als in dir ruhn.
>
> Hast du uns Haus und Gut gegeben,
> hast du uns arm und leer gemacht –,
> das milde und das harte Leben,
> sind beide, Herr, von dir bedacht.
> Was du uns nimmst, was du uns schenkst,
> verkündet uns, daß du uns lenkst.

2. Ich kenne deinen Namen

Die Tragödie der Familie Klepper fußt in der Ehe Jochen Kleppers mit einer Jüdin. 1929 war Jochen Klepper der um 13 Jahre älteren Witwe Johanna Stein, einer geborenen Gerstel, begegnet. Johanna Stein hatte zwei kleine Töchter. Knapp zwei Jahre später heirateten Johanna und Jochen. Im gleichen Jahr noch zogen sie nach Berlin. Bereits 1933 wurde Jochen Klepper wegen seiner Ehe mit der Jüdin Johanna aus der Liste der deutschen Schriftsteller gestrichen. Kleppers Hauptwerk »Der Vater«, sein Roman über König Friedrich Wilhelm I. von Preußen, konnte nur durch eine mit Mühe bewirkte Sonderbestimmung erscheinen.

1939, kurz vor dem Ausbruch des Krieges, verläßt die ältere Tochter seiner Frau mit einem Transport jüdischer Kinder die Heimat. Die Rettungsversuche der jüngeren Tochter und seiner Ehefrau scheiterten. Auch die Hoffnung des Dichters, durch sein Soldatwerden die Familie vor dem Rassenhaß schützen zu können, war vergeblich. Aufgrund seiner Ehe mit einer Jüdin wurde er für wehruntüchtig erklärt und aus der deutschen Wehrmacht entlassen. Alle Versuche zur Flucht waren zum Scheitern verurteilt. Ein Hoffnungsschimmer nach dem anderen verlosch. Jochen Klepper mußte es mit ansehen, wie Schritt um Schritt das Schiff, in dem er, seine Frau Johanna und seine Tochter saßen, nicht mehr zu steuern war. Vor ihren Augen stand nur noch der Schiffbruch, das Gespenst der Qualen und des elenden Todes in einem der Konzentrationslager. Was ihnen als einziges geblieben war, war der gemeinsame Glaube an den Erlöser, der spricht: »Ich kenne deinen Namen.« Den Weg des Glaubens ging Jochen Klepper nicht allein. Die Jüdin Johanna und ihre Tochter waren zusammen mit Jochen Klepper auf dem Weg der Nachfolge Jesu. So galt auch ihnen die Gotteszusage: »Ich habe dich bei deinem Namen gerufen.« Vor Gott waren die Namen *Johanna, Jochen und Renate Klepper* nicht vergessen.

Ist das Wort *mein* das innigste Wort, so ist der Name das schönste Wort, mit dem ein Mensch angeredet werden kann. Der Name kennzeichnet den Menschen als einzelnen, als Unverkennbaren, als Persönlichkeit mit einer eigenen Würde. Der Name macht einen Menschen unverwechselbar.

Im Alten Testament, so berichtet es Jesaja, sagt Gott einmal im Blick auf den einzelnen Menschen: »Ich habe deinen Namen in meine Hände gezeichnet.« Die Zusage: »Ich habe dich, Johanna, Jochen, Renate, bei deinem Namen gerufen«, war für die Kleppers Zuspruch und Anfechtung zugleich. Der Blick auf ihre kleine Familie sagte ihnen: Wir scheitern. Wir werden umgebracht. Aus ihrem eigenen Herzen kommt nur die Angst vor dem Ungewissen. Die Kleppers aber beschränkten sich nicht darauf, in sich hineinzuhorchen. Sie lebten nicht von dem, was in ihnen brodelte, sondern von dem, was sie von außen erreichte. Sie suchten den Zuspruch aus dem Wort Gottes. In ihrer Not zogen sich die Kleppers nicht in ihr stilvolles Haus, in ihr gepflegtes Familien- und bewundernswertes Glaubensleben zurück. Sie suchten die Gemeinde und die Gemeinschaft. Zusammen mit den Christen der Gemeinde feierten sie den Sonntag. Die Gemeinde war für die Kleppers »das Haus, in der die Schrift zu reden beginnt« (Stadt der Mitte 1937). Im Gottesdienst konnten sich die Kleppers sagen lassen: »Glaubst du auch nicht, bleibt *er* doch treu.«

Die Gemeinde war für die Kleppers der Ort, an dem sie sich immer neu an dem Trostwort festmachten: »Ich habe dich bei deinem Namen gerufen.« Wie kaum ein anderer Christ verstand es Klepper, mit seiner kleinen Familie die Feste des Glaubens mit ihrer Liturgie und ihren Liedern zu leben. Die Feste im Kirchenjahr waren für ihn, so schreibt er 1941, »ein Bannkreis gegen Kummer, Angst und Sorge«.

Sein Lied, dem er die Überschrift »Das Kirchenjahr« gab, endet mit der Strophe:

> Durch Stern und Krippe, Kreuz und Taube,
> durch Fels und Wolke, Brot und Wein
> dringt unaufhörlich unser Glaube
> nur tiefer in dein Wort hinein.
> Kein Jahr von unserer Zeit verflieht,
> das dich nicht kommen sieht.

Jochen Klepper glaubte und lebte im Warten auf den wiederkommenden Herrn. Er sehnte sich nach Vollendung und Erlösung. Er war gewiß in dem Glauben:

>»Er, der nah war, wird noch einmal wiederkommen.
>Seine Herrschaft wird ohne Ende sein.
>Die sein Reich schon hier im Glauben sahen,
>holt der König dann mit Ehren ein.«

Jochen Klepper hat die Wiederkunft Jesu nicht erlebt. Er war erst 39 Jahre alt, als er die Spannung nicht mehr ertragen konnte und seinem Leben sowie dem seiner Frau Johanna und seiner Tochter Renate ein Ende setzte. Sie gingen, ehe Gott sie gerufen hatte. Das Leben von drei Menschen unter dem Wort: »Du bist mein; ich habe dich bei deinem Namen gerufen; ich habe dich erlöst«, war abgebrochen!

3. Ich habe dich erlöst

Das Wort vom Erlöser geht dem heutigen Betrachter angesichts des Selbstmordes der Kleppers nur schwer von den Lippen. Wie kam es zu diesem »Scheitern« am Ende des Lebens?

Das Netz um Jochen, Johanna und die inzwischen 20jährige Renate Klepper zog sich immer enger zusammen. Im Hause Kleppers erlosch der letzte Lebenswille. In der Nacht vom 10. zum 11. Dezember 1942 schieden sie aus dem Leben, »ehe er sie gerufen hatte« (R. Schneider). *Reinhold Schneider* war mit den Kleppers durch eine enge Freundschaft verbunden. Er, der Katholik, fand durch Klepper zum lebendigen Glauben an Jesus. Er sagt: »An der Wiederentdeckung des Kreuzes in meinem Leben hatte er (Klepper) einen großen Anteil. Mehr kann Freundschaft nicht sein.« Auf den Tod der Kleppers wußte Reinhold Schneider keine Antwort. Er schreibt: »Es war Selbstmord unter dem Kreuz, dem Zeichen der Liebe. Das Problem stellt sich in einer Gestalt, auf die es keine Antwort gibt.« – Und doch fand Reinhold Schneider die einzig mögliche Antwort. Er schrieb ein Sonet auf den Tod seines

Freundes. Es ist die Klage eines Freundes, die mit einer stillen
Hoffnung endet:

> Dir ward des Volkes Schicksal auferlegt,
> das unterm Kreuz der König hat durchschritten.
> Du hast des Volkes ganze Not durchlitten
> bis an den Abgrund, der Verzweiflung hegt.
>
> Doch hat die Heimat mächtig dich bewegt,
> die ohne Gnade um das Reich gestritten.
> So lebtest du in zweier Völker Mitten
> an einem Ort, der keinen Frieden trägt.
>
> Gesendet waren beide. Heil und Macht
> der Welt zu tragen, waren sie berufen.
> Und beide widersagten dem Gebot.
>
> Da haßten sie sich glühend in der Nacht.
> Sie kämpften stürzend auf des Abgrunds Stufen
> und rissen dich hinunter in den Tod...
>
> Dir ward dein Wort genommen und der Ort,
> wo deines Herzens Treue durfte dauern,
> so lang beschützt mit ritterlichen Armen;
>
> da machtest du den Tod zu deinem Wort.
> Gewaltig bricht es aus den Kerkermauern
> und klagt und sühnt – und Gott wird sich erbarmen.

Das »und Gott wird sich erbarmen« ist überall da ein billiger Trost
oder eine Ausflucht, wo ein Mensch Gott davonläuft und sich um
eine klare Entscheidung drückt.

Bei den Kleppers ist es für mich nicht billiger Trost und
Ausflucht, sondern eine letzte Zuflucht!

Das alttestamentliche Wort »Erlöser« (hebräisch: *go'el*) kann
zusammenfassend übersetzt werden mit »der allein aktiv Eingreifende«. Dahinter steht die Vorstellung vom Erlöser, der nicht
allein den Loskauf tätigt, sondern gleichzeitig das Lösegeld entgegennimmt. Es gibt im Alten Testament eine Situation, in der der
Löser zwei Funktionen übernimmt.

Er ist zuerst der, der die ursprünglichen Verhältnisse wiederherstellt. Er kauft das verlorene Vermögen wieder zurück, oder aber er tritt das treuhänderisch verwaltete Vermögen an den ursprünglichen Besitzer ab. Zweitens ist er der, der im Falle, daß von dem Schuldiggewordenen ein Erstattungsbetrag zu entrichten ist, diesen in Empfang nimmt (4. Mose 5,6–8). Er ist der einzig aktiv Handelnde. Er tätigt den Loskauf, und er nimmt das Lösegeld entgegen.

Im Neuen Testament kommt diese Vorstellung vom Erlöser als dem einzig aktiv Handelnden voll zur Entfaltung. Paulus kennzeichnet das Werk der Erlösung mit den Worten: »Gott ... versöhnte die Welt mit sich selber« (2. Kor 5,19). Gott ist der Versöhner und zugleich der in Christus Versöhnte. Diese Doppelrolle des Erlösers als der, der den Loskauf tätigt, ist das Geheimnis der Gnade. Erlösung gibt es nur aus Gnade. Kein Mensch kann sich durch sein Handeln Erlösung verdienen. Der einzig Handelnde bei der Erlösung ist der Erlöser. Der Erlöser ist deshalb auch frei, sich dessen zu erbarmen, dessen er sich erbarmen will. Es steht niemandem zu, über die Kleppers oder über einen, der in seinem Leben gescheitert ist, ein Urteil zu fällen oder diese gar zu verurteilen. Was uns bleibt, ist das Gebet: »Gott, sei ihnen gnädig.«

Jochen Klepper wußte um das Geheimnis der Gnade und des Erlöstwerdens. In einem seiner geistlichen Gedichte schreibt er:

> Hat meine Sünde mich verklagt,
> hast du den Freispruch schon verkündet.
> Wo hat ein Richter je gesagt,
> er sei dem Schuldigen verbündet?
> Was ich auch über mich gebracht,
> dein Wort hat stets mein Heil bedacht.
>
> In jeder Nacht, die mich umfängt,
> darf ich in deine Arme fallen,
> und du, der nichts als Liebe denkt,
> wachst über mir, wachst über allen.
> Du birgst mich in der Finsternis.
> Dein Wort bleibt noch im Tod gewiß.

Literatur in Auswahl

Adam, A., Grundriß Liturgie, Leipzig, 1989.
Bärenz, R., Verkündigung als Lebenshilfe. Aufgaben und Chancen des Seelsorgegesprächs, in: Bärenz, R. (Hrsg.), Gesprächsseelsorge. Theologie einer pastoralen Praxis, Regensburg, 1980, S. 69–124.
Dobranczynski, J., Gib mir deine Sorgen, 20. Aufl., Freiburg, 1977.
Eibach, U., Leiderfahrung und Leidbewältigung in der Krankheit. Z. d. Z., Jg. 34, Bd. 1980, S. 361–372.
Faber, H./Schott, E., Praktikum des seelsorgerlichen Gespräches, 3. Aufl., Göttingen, 1971.
Hahn, W., Gottesdienst und Opfer Christi, Göttingen, 1951.
Jacob, W., Die Hiobfrage in der Medizin, in: Grenzen der machbaren Welt, hrsg. von E. Benz, Leiden, 1975, S. 46–66.
Jähnig, W., Gedanken zu einer Konzeption für eine Seelsorge im Krankenhaus, Vortrag vor dem Berliner Fachkonvent im Februar 1972.
Kertelge, K., Suchen, was verloren ist. Die Sorge Jesu für den Menschen und ihre Bedeutung für die Seelsorge heute, in: Bärenz, R. (Hrsg.), Gesprächsseelsorge. Theologie einer pastoralen Praxis, Regensburg, 1980, S. 49–68.
Köberle, A., Der Reich-Gottes-Arbeiter, Heft 5, 1973.
Mader, A., Hören, schweigen, helfen. Ein Arzt spricht zu Seelsorgern, 1956.
Richter, A., Überlegungen zur Seelsorge aus psychiatrischer Sicht, Vortrag in Falkenberg/Mark, April 1980.
Seitz, M., Praxis des Glaubens. Gottesdienst, Seelsorge und Spiritualität, 3. Aufl., Göttingen, 1985.
Seitz, M., Erneuerung der Gemeinde. Gemeindeaufbau und Spiritualität, Göttingen, 1985.
Seitz, M., Über das innere Teilnehmen am Gottesdienst. Eine pastoralliturgische Katechese, in: Der Gottesdienst. Grundlagen und Predigthilfen zu liturgischen Stücken, hrsg. von Hans-Christoph Schmidt-Lauber und Manfred Seitz, Stuttgart, 1992, S. 259–273.
Schick, E., Der Christ als Seelsorger, Gießen–Basel, 3. Aufl., 1977.
Schick, E., Seelsorge an der eigenen Seele, Hamburg, 1951.
Schick, E., Der helfende Mensch, Gelnhausen, o. J.
Schneider, K., Psychopathie, Thieme-Verlag, 4. Aufl., 1955.
Schütz, P., »Die Kirche und die Seelsorge«, Gesammelte Werke, Band 4, S. 190ff., Hamburg, 1971.

Seybold, K., Das Hiobproblem als Ausdruck einer Identitätskrise, in: Ein Innuk sein, Göttingen, 1987, S. 125–137.
Stähli, H. P., Predigthilfen, Kassel, 1962.
Steinwand, E., Verkündigung und gelebter Glaube, Göttingen, 1964.
Tacke, H., Glaubenshilfe als Lebenshilfe. Probleme und Chancen heutiger Seelsorge, Neukirchen, 1975.
Tausch, R., Gesprächspsychotherapie, 2. Aufl., Göttingen, 1968.
Thielicke, H., Mensch sein, Mensch werden, München, 1975.
Thilo, H. J., Beratende Seelsorge. Tiefenpsychologische Methodik, dargestellt am Kasualgespräch. Göttingen, 1971.
Thurneysen, E., Die Lehre von der Seelsorge, 5. Aufl., 1980.
Weizsäcker, v., Menschenführung, 3. Aufl., Göttingen, 1959.
Zündel, F., Johann Christoph Blumhardt, Gießen, 1928.

hänssler
SEELSORGE IM DIALOG

Hansjörg Bräumer

Schatten vor meinem Gesicht

Kranksein vor dem unbegreiflichen Gott

Pb., 128 S., Nr. 391.745, ISBN 3-7751-1745-8

Krankheit – früher oder später muß sich jeder Christ damit auseinandersetzen. Einfühlsam und auf dem Hintergrund der Bibel gibt der Verfasser sechs Betrachtungen zu folgenden Themen:

* Der Kranke und sein Arzt
* Krankheit als Lebens- und Glaubenskrise
* Die Sprache des Kranken
* Krankheit und satanische Mächte
* Der Kranke und seine Ängste
* Die Hoffnung des Kranken

Bitte fragen Sie in Ihrer Buchhandlung nach diesem Buch! Oder schreiben Sie an den Hänssler-Verlag, Postfach 1220, D-73762 Neuhausen-Stuttgart.

hänssler
SEELSORGE IM DIALOG

Michael Dieterich

Heil und Heilung

Hoffnung für die Seele

Pb., 96 S., Nr. 391.766, ISBN 3-7751-1766-0

Bei Gesprächen mit Hilfesuchenden stieß Michael Dieterich in seiner seelsorgerlichen Praxis immer wieder auf vier Grundprobleme.

Der Autor will zeigen,
* wo sich säkuläre Therapien und biblische Heilsbotschaft bei Heil und Heilung begegnen.
* wie Christen aus dem Teufelskreis verirrter Gedanken ausbrechen können.
* daß falsch verstandene religiöse Erziehung seelisch krank machen kann.
* wie prägend gerade die frühkindlichen Erfahrungen für den Lebensstil des Menschen sind.

Bitte fragen Sie in Ihrer Buchhandlung nach diesem Buch! Oder schreiben Sie an den Hänssler-Verlag, Postfach 1220, D-73762 Neuhausen-Stuttgart.

Von Hansjörg Bräumer
erschien im R. Brockhaus Verlag:

Hansjörg Bräumer

Das Buch Hiob

Teil 1: Kapitel 1 bis 19

Wuppertaler Studienbibel Kommentarband

320 Seiten, Paperback und geb. Efalin-Ausgabe
Bestell-Nr. 225.221 und 225.321

Hiob hat – wie wenige Gestalten des Alten Testaments – das Nachdenken und Fragen in Kirche und Literatur beeinflußt. Unzählige Christen, die Leid erfuhren, haben sich mit diesem »Knecht Gottes« identifiziert. Trotzdem bleiben bei der Beschäftigung mit dem Text immer wieder Fragen, die auch erfahrene Bibelleser an Grenzen führen. Als Seelsorger und Theologe legt Hansjörg Bräumer dieses wichtige Buch der Bibel in zwei Bänden aus, deren erster nun vorliegt.

R. BROCKHAUS VERLAG WUPPERTAL UND ZÜRICH